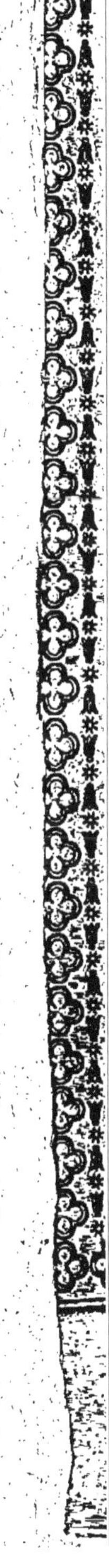

LES MONTAGNARDES

Traditions Dauphinoises

PAR A. BARGINET,

De Grenoble.

Tome Troisième.

Voici le ménestrel qui va par la montagne
Faisant de vieux récits et chantant tour à tour ;
Bonnes gens, écoutez, sur mon luth j'accompagne
Ballades et chansons qui font rêver d'amour.

PARIS

GIRARD, LIBRAIRE, RUE MAZARINE, N. 22.

1826

IMPRIMERIE DE J. TASTU.

LES
MONTAGNARDES,

Traditions dauphinoises.

Voici le ménestrel qui va par la montagne
Faisant de vieux récits et chantant tour à tour.
Bonnes gens, écoutez; sur mon luth j'accompagne
Ballades et tensons qui font rêver d'amour.

IMPRIMERIE DE J. TASTU,
RUE DE VAUGIRARD, N° 36.

LES MONTAGNARDES

Traditions Dauphinoises

PAR A. BARGINET

DE GRENOBLE.

*

Tome Troisième.

PARIS

GIRARD, LIBRAIRE, RUE MAZARINE, N. 22.

M DCCC XXVI.

LA TOUR D'ALLEVARD,

ou

LE SIRE DE CROUY.

ALFRED. « — As-tu peur, mon amie ? Hâtons-nous, la lune brille encore de tout son éclat; mais bientôt les morts échappés des tombeaux vont y rentrer effrayés par l'approche du jour. Leurs mânes errans t'inspirent-ils de l'effroi ?

LÉONORA. « — Oh! Dieu, Alfred, laisse, laisse les morts.

LA ROMANCE DE LÉONORA

INTRODUCTION.

LE VOYAGEUR
ET LA CHRONIQUE.

> Illustres monumens, merveilles ignorées
> Sous l'inutile poids des marbres effacés,
> Palais, temples, autels aujourd'hui renversés,
> Tombes de nos héros en tous lieux révérées.
> DE NANTES, sonnet à Chorrier.

> Mon cher Robin, puisque l'orage
> A fait déborder les torrens,
> Au coin du feu, suivant l'usage,
> Nous parlerons des anciens temps.
> *Ancienne chanson traduite*
de la langue vulgaire.

Le bourg d'Allevard est situé à l'entrée d'une vallée pittoresque et sauvage, formée dans la grande chaîne de montagnes graniteuses qui s'élèvent sur la rive gauche de l'Isère et s'étendent de l'est au sud du cours de cette rivière. Ces montagnes sont peut-être les plus riches de la France en productions minérales. Des neiges éternelles couronnent leurs faîtes ; leurs régions moyennes sont peuplées d'immenses forêts de sapins que les habitans de ces contrées appellent *les bois noirs*. Leurs flancs sont sillonnés par des torrens dont les bruissemens troublent seuls le silence de ces vastes solitudes. Les collines et les vallées sont fertiles et riantes, chargées d'arbres fruitiers et de toutes les productions nécessaires à la vie.

On découvre de cette espèce d'amphithéâtre la riche vallée de Graisivaudan semée de bourgs et de villages qui attestent son abondance. La vue s'étend au loin sur la rive droite de l'Isère ; on peut reconnaître les tours du fort Barreau dominant les deux routes qui conduisent à Grenoble. L'œil cherche avec intérêt sur la rive gauche de cette rivière, et près du coteau de Poncharra, les restes mutilés de l'antique demeure où le chevalier Sans-Peur prit naissance, et il se perd dans le fond sur les montagnes de la Chartreuse. Le paysage que nous décrivons est animé par une petite rivière formée d'une foule de torrens, et dont la source principale est dans les glaciers du Grand-Glezin, près des limites de la France et de la Savoie. Le Bréda, après avoir arrosé la vallée en coulant du sud-est à l'ouest, traverse le bourg d'Allevard, et se dirigeant ensuite vers le nord, il va se perdre dans l'Isère à cinq lieues de sa source.

L'habitant de ce pays est fier et susceptible, naturellement défiant et moqueur; il n'aime point les étrangers, mais il exerce cependant encore l'hospitalité avec un rare désintéressement. Doué d'une intelligence peu commune, il sait s'exprimer avec chaleur en très-bon français quand il le juge convenable; autrement, et dans les relations qu'ils ont entre eux, les Dauphinois de ces montagnes ne font usage que de la langue vulgaire, qui est une tradition presque complète de la langue romane du moyen âge (1). Malgré les lumières qui sont assez généralement répandues parmi eux, même au sein

____

(1) M. Champollion-Figeac, dans un ouvrage fort curieux que nous avons déjà eu l'occasion de citer, a examiné avec succès les divers patois du Dauphiné, qui tous ont une origine commune. Il résulte de ses savantes observations que du mélange du celtique et du latin naquit le langage roman (lingua romana, ou rustica) avant l'invasion des Francs qui y ajoutèrent des expressions tudesques. Cette langue originelle s'est conservée avec moins d'altération dans les Alpes dont les populations n'ont pas éprouvé autant de révolutions politiques que les habitans des autres parties des Gaules. M. Champollion trouve plus de racines grecques que latines dans la langue des montagnards. La raison qu'il donne de cette particularité est aussi juste qu'ingénieuse. Les Romains entrèrent en conquérans dans la province viennoise ; ils furent en horreur aux habitans des montagnes

des classes les plus pauvres, leur peu de communication avec les contrées voisines a conservé chez eux dans toute leur simplicité les mœurs anciennes et les préjugés des temps les plus éloi-

---

qui y défendirent si long-temps leur liberté. Leur langage ne put donc devenir familier que dans les basses terres dont ils s'étaient emparées. Les Phocéens, au contraire, qui vinrent fonder Massilie dans le pays que nous avons depuis appelé la Provence, n'exercèrent sur les contrées voisines qu'une influence bienfaisante. Les relations commerciales que les montagnards eurent avec eux leur firent sans doute adopter une foule de mots qui manquaient dans leur langue. Nous n'avons pas le dessein d'entrer dans une plus longue discussion à cet égard; il nous suffit de constater les faits que nous avançons. La langue dauphinoise a de la naïveté dans l'expression; la prononciation en est lente, ca-dencée et gutturale; elle se prête difficilement à des sujets poétiques et élevés, mais elle est d'une simplicité ravissante dans la peinture des passions et des scènes ordinaires de la vie.

gnés. Ces montagnards sont encore très-superstitieux, et il n'y a qu'un esprit fort qui osât nier publiquement l'existence d'êtres surnaturels. On rencontre peu de vieillards qui n'aient une histoire à raconter sur les esprits qu'ils ont vus autrefois. Ces esprits s'appellent les follets : ils ne sont pas toujours malfaisans, mais on croit généralement qu'il est très-dangereux d'entrer en commerce avec eux. Ils se sont ordinairement montrés sous les traits d'une belle femme qui cache soigneusement ses pieds, qui sont remplacés par une griffe armée d'ongles aigus. Il n'y a point de traditions dans ces montagnes où le follet ne joue un grand rôle. Le parlement de Grenoble a eu la faiblesse de faire brûler vives plusieurs vieilles femmes qui s'imaginaient devenir invisibles après s'être frottées d'un onguent magique. Les montagnards croient même aujourd'hui que celles qui se livrent à ces ridicules pratiques sont fées, et qu'elles se réunissent à minuit à certaines époques de l'année dans les régions les plus désertes et les plus élevées de la montagne pour adorer le diable (1).

Les plus pauvres chaumières, surtout dans la vallée de Graisivaudan, ont un air d'aisance et de propreté qu'on chercherait en vain même dans les riches fermes qui avoisinent la capitale de la France. Elles consistent

(1) Il est facile de reconnaître dans ces idées superstitieuses un mélange des traditions celtiques et des pratiques du christianisme; les montagnards ont conservé d'anciennes observations sur le cours des astres qu'il serait fort curieux de réunir, et qui donnent une idée du génie de ce peuple. La lune est surtout l'objet de leur attention après avoir été celui de leur culte comme le soleil. Les noms qu'ils donnent à ces astres, ainsi qu'à quelques étoiles qu'ils ont distinguées, sont exclusivement celtiques; l'influence qu'ils leur supposent rappelle beau-

principalement dans une grande pièce
dont le plancher est fait avec de la
chaux et de petits cailloux : ce ciment,
qui acquiert avec le temps une grande
dureté, protége les habitans contre l'hu-
midité que produisent les brouillards
épais de l'automne. Un buffet en noyer,
chargé de vaisselle d'étain, se trouve
toujours placé dans une des parties
latérales de cet appartement. La cheminée est assez large et assez haute pour
contenir dans son enceinte une famille

---

coup la mythologie du nord de l'Écosse. Ces
contrées élevées, où des vallées obscures, des
grottes profondes, des torrens, d'immenses forêts et tous les phénomènes de la nature se
trouvent réunis, ont un aspect qui dispose l'ame
aux plus bizarres émotions. Aussi la croyance
dans les fées et les esprits invisibles était-elle
encore générale en Dauphiné dans le dix-sep-
tième siècle; les habitans des campagnes n'y
ont point entièrement renoncé, et nous n'avançons rien dans cet ouvrage qui ne soit de la plus
scrupuleuse exactitude.

nombreuse ; vis-à-vis s'élève toujours
une vaste garde-robe à compartimens
ciselés et faite de bois de noyer, dans
laquelle on serre le linge et les vêtemens. Tous les samedis soirs et chaque
fois que la cloche de la paroisse annonce la veille d'une bonne fête, la
ménagère, aidée de sa fille aînée ou
d'une robuste servante, frotte ce meuble
du haut en bas, avec de l'huile de noix,
opération qui finit par lui donner un
vernis tellement luisant qu'il peut remplacer un miroir, meuble qui était encore fort rare dans ces montagnes, il
y a un demi-siècle. Une table épaisse
et faite du même bois occupe, en face
de la cheminée, presque toute la lon-
gueur de l'appartement. Tel est à peu
près l'intérieur d'une chaumière dauphinoise, que nous ferons mieux connaître à nos lecteurs dans le cours de
cette histoire.

Ce fut vers le milieu du mois de novembre, il y a quelques années, qu'un jeune homme, fort bien vêtu, arriva, aux approches de la nuit, à Allevard. Il était à cheval, et, sur sa demande, on lui indiqua l'auberge du château, qui ne porte pour enseigne que la renommée des bonnes truites pêchées dans le Bréda. Ce voyageur était d'une taille élevée, sa physionomie était remarquable; mais la pâleur de son teint annonçait qu'il éprouvait quelques souffrances morales. Ses cheveux étaient d'un blond cendré, et ses yeux bleus, quoiqu'un peu languissans, ne manquaient pas de noblesse et de feu. Bien que son sourire fût obligeant, il exprimait cependant de temps en temps quelque chose qui ressemblait à de la fierté, et semblait annoncer que ce voyageur était né dans une des classes supérieures de la société. On en fut convaincu lorsqu'après avoir salué l'hôtesse avec politesse, il remit à un domestique le manteau dans lequel il était enveloppé ; on vit alors un petit ruban rouge et noir noué avec négligence à la boutonnière de son habit.

L'étranger, après avoir fait transporter sa valise dans une salle commune un peu enfumée, et avoir recommandé son cheval aux soins des gens de la maison, demanda à l'hôtesse une chambre où il pût se reposer en attendant qu'on préparât son souper. L'hôtesse fit placer de suite de la chandelle dans des flambeaux de fer, et conduisit elle-même l'étranger à l'appartement qu'elle lui destinait : celui-ci remarqua avec étonnement qu'il y avait trois lits dans la chambre.

« — Rassurez-vous, Monsieur, dit l'hôtesse, personne ne vous troublera cette nuit, car je pense que monsieur la passera ici ; et où pourrait-il aller, sainte vierge ! sur cette route et par le brouillard qu'il fait ? C'est l'usage,

dans nos campagnes, de mettre plusieurs lits dans la même chambre ; mais
mon mari ferait un beau train s'il savait
qu'un voyageur, comme monsieur paraît l'être, n'était pas servi dans sa
maison avec la distinction qu'il mé-
rite. »

Le voyageur sourit, mais il ne répondit pas, et prenant les pincettes, il
se mit à attiser le feu qu'on venait d'al-
lumer : cela ne faisait point le compte
de l'hôtesse.

« — Monsieur, ajouta-t-elle, est
peut-être un employé du gouvernement qui vient visiter les forges? Je ne
me trompe pas, car monsieur a une
décoration comme celle qu'avait le préfet quand il a logé ici, et, tenez, précisément dans cette chambre ; il avait une
suite nombreuse et..... »

Ici, l'hôtesse s'arrêta ; car la figure
de l'étranger devint tout-à-coup sé-
rieuse. Il se contenta cependant de dé-

tacher le ruban qu'il portait, il le roula et le mit dans la poche de son gilet.

L'hôtesse passait, dans le bourg, pour une commère dont la langue était aussi bien pendue que celle d'un avocat de Grenoble. Elle comprit que l'étranger voulait rester inconnu ; mais, sans se déconcerter, elle ajouta en pinçant les lèvres :

« — Sous quel nom faut-il inscrire monsieur sur le livre des voyageurs ? Je ne voudrais pas oublier cette formalité, sainte vierge ! nous avons un maire qui n'entend pas raillerie à cet égard, et qui condamne à l'amende un pauvre aubergiste quand il veut rendre service à un honnête voyageur.

» — Il fut un temps, Madame, répondit l'étranger en soupirant, où, dans ce pays hospitalier et libre, un honnête voyageur, comme vous le dites, n'était point exposé à ce déluge de questions indiscrètes.

» — Et c'est la vérité, Monsieur, s'écria l'hôtesse enchantée d'avoir enfin décidé l'étranger à lui répondre. Mon neveu, Jacques Morel, qui a long-temps étudié à Grenoble, et qui, dieu merci! est aussi bien appris que qui que ce soit qui ait jamais parlé devant des juges, nous le dit bien souvent; car, du temps du Dauphin Humbert II, nous avions, comme il dit cela, des franchises que nous avons perdues. Qui dirait si maintenant il est prudent de frotter les épaules à un habit vert, à un saute-buisson maudit de Dieu et de la bonne vierge, qui empêche un brave paysan d'aller chercher en Savoie quelques livres de tabac pour son usage. »

La figure de l'étranger reprit une expression de bienveillance et de douceur.

« — Autant que je puis le croire, répondit-il, ce sont les employés des douanes que vous désignez ainsi. Vous avez tort, Madame, il faut respecter le gouvernement établi, et c'est se révolter contre lui que d'outrager ses agens.

» — Sainte vierge! reprit l'hôtesse avec chaleur, qui parle de se révolter? Il y a parmi les habits verts de fort bonnes gens, leur capitaine loge chez moi; mais quand on n'a que le Bréda à passer pour avoir un plaisir qui coûte moins des trois quarts, je dis que c'est une tentation bien pardonnable même pour celui qui paie toutes ses impositions.

» — C'est bien, répondit l'étranger, si c'est la loi, il faut s'y soumettre.

» — Est-ce la loi aussi, dit l'hôtesse avec volubilité, que les habits verts tirent sur de pauvres montagnards à qui il plaît de traverser le Bréda un peu tard? Dernièrement ils ont fait feu sur un laboureur de Saint-Pierre-d'Allevard, un digne homme qui laisse six enfans.

» — Et, reprit l'étranger avec un intérêt qu'il s'efforçait en vain de ne pas faire paraître, ce malheureux est-il mort des suites de sa blessure ?...

» — Tué, Monsieur, tué sur la place, s'écria l'hôtesse, et nous avons ici une foule de drôles qui abattent un chamois à trois cents pas et qui savent manier le sabre, comme ils l'ont prouvé quand les cocardes bleues ont voulu manger notre pain sans notre permission (1). »

Les dernières paroles de l'hôtesse parurent vivement affliger le jeune homme ; il prit un livre qu'il avait tiré de sa valise, et il lui dit :

« — Inscrivez-moi seulement sous le nom de Henri, ma bonne hôtesse ; si quelqu'un y trouve à redire, je lui parlerai. Faites-moi servir le plus tôt possible. »

A ces mots, l'étranger, que nous dé-

____

(1) Les troupes du roi de Piémont.

signerons maintenant par le nom qu'il s'est donné, ouvrit son livre et parut ne plus faire attention à l'hôtesse, qui s'éloigna enfin, mais qui s'arrêta, en ouvrant la porte de la chambre, quand son locataire se dit à lui-même : « C'est un vieux levain d'indépendance qu'on ne parviendra pas à détruire dans ce beau pays. » Aussitôt il se mit à lire, et l'hôtesse descendit rapidement l'escalier de bois qui conduisait à sa cuisine.

Dans la grande salle dont nous avons parlé il n'y avait, ce soir-là, car c'était un samedi, que deux habitans du bourg, qui vidaient, en causant, un grand pot de vin du terroir. Tous deux étaient de la connaissance de l'hôtesse, comme le prouve la conversation suivante, qui commença quand celle-ci vint étendre une nappe blanche sur une table placée dans un coin de l'appartement.

« — Vous avez donc du monde ce soir, ma bonne tante? dit l'un des buveurs qui ne paraissait pas avoir plus de vingt-cinq à vingt-six ans.

» — Oui, Jacques, répondit l'hôtesse, un voyageur qui a des décorations aussi bien que M. le préfet. C'est pour le moins, comme dit le journal et comme vous le dites quelquefois, un pair de France. Mais que fait au Dauphiné qu'il y ait des pairs de France ? cela ne nous ôte ni les habits verts, ni leurs dignes confrères qui visitent si souvent ma cave.

» — Des décorations ! dit l'autre buveur, avec un sourire moqueur, à votre santé ! ma voisine ; les décorations ne sont pas rares aujourd'hui. Depuis quelque temps il nous vient de belles choses de Paris.

» — Cela fait plaisir à voir, ajouta de suite l'hôtesse, en poussant un gros soupir et en s'appuyant d'une main sur sa hanche et de l'autre sur la table. Mais comme sainte Thérèse est ma patrone, voisin Rambaud, celui-là m'a tout l'air d'un digne garçon. Il est aussi jeune que vous, Jacques.

» — Alors, dit celui-ci avec un peu d'emphase, ce n'est pas un noble pair.

» — Noble ou non, continua l'hôtesse, il a paru plaindre beaucoup le sort de ce pauvre Nicolet dont je lui ai raconté l'histoire, et que ces enragés d'habits verts ont tué comme un chien.

» — Et c'est une honte pour le pays, dit Rambaud, en avalant un nouveau verre de vin, que ce meurtre n'ait pu être vengé.

» — Chut! chut! s'écria Jacques Morel (car c'était lui-même le propre neveu de l'hôtesse) avec un air d'importance mystérieuse. Vous ne savez ce que vous dites, Rambaud; si vous voulez siéger à la cour d'assises en face des jurés, ce n'est pas mon intention à moi. Il est vrai que du temps du Dauphin les saute-buissons n'existaient pas, et c'était un bon temps que celui-là, quand les *marmottés* (1) s'avisaient de passer le Bréda; nous avions ici un baron qui n'avait qu'un mot à dire pour rassembler un millier de gaillards à qui une lance allait mieux qu'une quenouille.

» — Vraiment, dit l'hôtesse, qui venait de poser un potage sur la table et qui avait entendu cette dérnière phrase; on n'avait pas besoin d'aller dans cette pauvre Savoie pour avoir du tabac à bon marché.

» — Non, ma bonne tante, non; reprit Jacques Morel, en regardant malignement son partner, on n'avait pas cette peine, parce qu'alors le tabac n'était pas connu.

» — Et c'est une excellente raison;

____

(1) C'est sous ce nom que les Dauphinois désignent en général les habitans de la Savoie.

ma voisine, dit Rambaud en riant à gorge déployée; à votre santé !

» — Vous parlez donc de bien long-temps ? reprit l'hôtesse, sans faire attention à ce sarcasme.

« — C'était, répondit Jacques, dans le temps que le seigneur de la tour d'Allevard s'appelait le sire de Crouy. »

En ce moment, M. Henri, qu'on avait été prévenir que son souper était servi, entra dans la salle. Les derniers mots prononcés par Jacques le firent tressaillir, il s'arrêta un instant; mais remis bientôt de l'espèce de trouble qu'il avait éprouvé, il salua les deux buveurs, et plaçant son chapeau rond sur une chaise qui était près de lui, il se mit à table en s'asseyant, de manière à avoir le dos au mur et le visage tourné vers les deux interlocuteurs. Jacques et Rambaud se levèrent aussitôt et rendirent son salut à l'étranger, en ôtant leur bonnet de laine rouge, coiffure ordinaire des montagnards dauphinois. Ils restèrent debout, attendant probablement que celui-ci se recouvrît; mais M. Henri, sans faire attention à cette marque de déférence, enleva le couvercle de la soupière d'où s'exhala de suite un fumet délicieux.

» — Vous ne vous couvrez donc pas, Monsieur, lui dit Jacques à demi-voix.

» — Pardon, répondit le voyageur; ne vous gênez pas, braves gens, ce n'est pas mon habitude quand je suis à table.

» — Ce n'est pas la coutume dauphinoise, ajouta Rambaud, mais nous serons aussi polis que vous; il ne sera pas dit qu'un étranger aura à se plaindre, dans notre bon pays, de la grossièreté des habitans. » A ces mots il jeta son bonnet sur la table, et Jacques l'imita aussitôt.

Le voyageur paraissait très-satisfait,

et il reprit en souriant : « — Ah ! je connais le proverbe de la montagne : *Si vous ne prenez pas tout le miel, les abeilles reviendront.*

» — C'est le devoir d'un bon Dauphinois, qui n'est pas traître à son pays, de rendre le bien pour le bien et salut pour salut, s'écria Rambaud, en saisissant d'un air délibéré le pot d'étain, que ses attaques réitérées avaient enfin mis à sec. Puis il ajouta : Nous étions, dans le régiment où j'ai eu l'honneur de servir, environ deux cents drôles qui avions fait ensemble l'école buissonnière à Allevard, et nous ne souffrions pas la moindre insulte. Plus d'un gaillard insolent a reçu une boutonnière de notre main. » Puis, par une ancienne habitude, il allait relever des moustaches qui n'existaient plus depuis long-temps ; mais, s'apercevant de sa méprise, il leva les yeux au plafond en soupirant. « Du vin, voisine, du vin, ajouta-t-il, en frappant avec le pot sur la table ; il faut que monsieur nous permette de toucher nos verres, si ce n'est pas lui manquer de respect.

» — Vous allez trop loin, Rambaud, dit tout bas le prudent neveu de l'hôtesse, vous allez trop loin, vous dis-je ; cet étranger ne connaît pas nos usages, et vous pouvez le blesser.

» — Ce n'est pas mon intention, Jacques, répondit-il, aussi vrai que vous êtes mon ami et que vous épouserez ma sœur Nanette. »

M. Henri, loin de se fâcher de la familiarité de Rambaud, fit signe à l'hôtesse de lui apporter une nouvelle bouteille du vin vieux qu'il avait demandée, et quand celle-ci eut obéi à ses ordres : « — Venez, braves gens, » dit-il ; j'aime votre franche cordialité, » et votre offre obligeante me fait plai- » sir. »

Les paysans ne se firent pas répéter

celte invitation ; ils s'avancèrent en tendant respectueusement leurs verres que le voyageur remplissait ; il mit aussi quelques gouttes de vin dans le sien.

« — J'aurai le même honneur que ces messieurs, dit l'hôtesse en présentant son verre ; quel dommage que mon mari soit en chasse !

» — A votre santé ! Monsieur, dit Rambaud ; quand les gens de la ville ne font pas les fiers, je les aime beaucoup ; à votre santé !

» — Et à la réussite de votre voyage, ajouta Jacques avec intention ; car le défaut dominant du paysan dauphinois, c'est la curiosité.

» — C'est bien dit, Jacques, continua l'hôtesse, en frappant rudement le verre de M. Henri.

» — A la prospérité éternelle de ce bon pays, dit gravement le jeune homme en vidant son verre.

» — C'est bien parler, Monsieur, reprit Jacques; mais oserais-je vous demander si vous ferez un long séjour à Allevard.

»—A l'autre maintenant,» murmura Rambaud, en poussant son ami avec le coude.

M. Henri parut oublier un moment la réserve qu'il s'était imposée jusque-là. « Je l'ignore, répondit-il; ce pays ne m'est point étranger, et je viens le visiter comme une ancienne connaissance. Il est plein de souvenirs qui me sont bien chers. » Puis il ajouta avec un peu d'amertume : « Le temps détruit tout; il dessèche la mémoire des hommes, et après quelques généra-tions, on passe comme un voyageur auprès du tombeau de ses pères. Mais, dites-moi, n'existe-t-il pas près d'ici quelques vestiges de l'ancienne de-meure des seigneurs d'Allevard?

» — Oh! pour cela, » s'écria Jac-

ques... mais sa tante lui coupa la parole.
« — C'est lui, s'écria-t-elle, en s'adressant à M. Henri; c'est Jacques Morel,
mon neveu, dont je vous ai parlé. Il a
lu plus de vieux parchemins que je n'ai
de cheveux à la tête; aussi j'espère
bien qu'un jour il sera juge de paix de
ce canton. Quant à moi, on ferait un
beau livre de ce que je ne sais pas,
comme dit souvent monsieur le curé;
mais mon neveu vous apprendra tout
ce que vous désirez savoir.

» — Paix, ma bonne tante, paix
donc, reprit Jacques avec un air de su-
périorité. Il est vrai, Monsieur, que
l'histoire de ces contrées m'est fami-
lière, et que je connais assez bien toutes les traditions qui nous en restent;
mais, comme vous le disiez il n'y a
qu'un moment, le temps fait de grands
ravages ici-bas. Les ruines dont vous
parlez existent en effet, elles appartenaient autrefois....

» — Du temps où il n'y avait ni habits verts, ni rats de cave, et c'est une honte que des chrétiens devant Dieu puissent faire ce métier », dit l'hôtesse en soupirant.

Jacques jeta sur sa tante un regard d'impatience ; accoutumé qu'il était à exercer dans le pays une certaine autorité, à cause de ses connaissances historiques, il lui imposa silence par ce seul signe et il continua ainsi : « Elles appartenaient autrefois à un vaste manoir qu'on appelait la tour d'Allevard, à cause d'un bâtiment circulaire qui dominait tout l'édifice. Le château ou plutôt la tour, comme l'appelle la tradition, a soutenu plusieurs siéges dans le temps où l'on combattait en Dauphiné *pro aris et focis*, et où la bannière de Crouy qui était rouge et blanche, Monsieur, flottait sur les créneaux. »

L'hôtesse allait encore faire une observation dans laquelle probablement les habits verts n'auraient pas été épargnés , quand un regard foudroyant de son neveu lui ferma de nouveau la bouche.

« — L'ancienne maison de Crouy, reprit Jacques, avait reçu le surnom de Chanel, comme c'est l'usage dans ce pays de désigner par une épithète les nombreuses familles. Ce mot, dans le langage que vous avez été à même d'entendre parler ici, signifie couvrir, et en effet les barons de Crouy couvraient la frontière de ce côté; mais l'étymologie de ce nom est peu importante à fixer.

» — Et depuis quand, Monsieur, lui demanda le voyageur, avec le ton du plus vif intérêt, depuis quand la famille dont vous parlez n'est-elle plus propriétaire des domaines qu'elle possédait probablement dans ce pays ?

» — On l'ignore, répondit Jacques;

la tradition semble l'abandonner à peu près vers l'époque des guerres civiles qui désolèrent le Dauphiné du temps de la Ligue. Les Crouy, comme le plus grand nombre des nobles dauphinois, prirent parti pour le roi Henri; au reste, vous connaissez sans doute cette portion de notre histoire. » L'étranger fit un signe affirmatif, et Jacques continua : « Tout porte à croire que la tour d'Allevard fut détruite à cette époque; le parlement qui tenait pour la Ligue fit probablement saisir et vendre les domaines qui en dépendaient; ou plutôt, comme cela est arrivé à une foule de gentilshommes dans nos montagnes, les légitimes propriétaires furent obligés de les aliéner pour avoir de quoi soutenir la guerre du roi. Quoi qu'il en soit, en remontant le Bréda un peu au-dessus des ruines de la tour, il y avait autrefois un tombeau que les eaux ont entièrement détruit. L'inscription qu'on y

lisait intéressait la maison de Crouy,
c'était un de ses premiers ancêtres qui
l'avait fait élever à la mémoire d'une
jeune fille.... Mais pardon, Monsieur,
cette histoire serait trop longue, elle
est racontée dans une chronique ou
ballade en vers, qui fut, dit-on, composée par un moine de Saint-Hugon,
sous le règne du dauphin Charles III (1).
Je l'ai apprise d'un vieillard qui vit
encore et qui est le grand père de mon
ami, ajouta-t-il, en frappant sur l'é-
paule de Rambaud.

» — Que j'aurais de plaisir à l'entendre, s'écria le jeune homme dont
la pâleur avait fait place à une vive
rougeur. Demain j'irai visiter cette vallée, et alors si vous étiez assez bon.....

» — Je n'y manquerai pas, répondit Jacques enchanté. Mais retirons-
nous.

____

(1) Le roi de France, Charles VIII.

» — Il en est temps, ajouta Rambaud. »

M. Henri serra affectueusement la main des deux paysans qui l'avaient étonné par leur langage et leurs manières ; il suivit l'hôtesse qui, voyant arriver le capitaine des habits verts, s'empressa de reconduire son hôte dans sa chambre. Une heure après, le silence le plus profond régnait dans l'auberge du château, et tous les habitans étaient livrés au sommeil, y compris l'hôtesse qui s'endormit, en pensant au beau voyageur et à l'érudition de son neveu.

Le lendemain à la pointe du jour, notre voyageur quitta son appartement et descendit dans la salle où déjà la vigilante hôtesse enlevait les nappes couvertes de taches de vin, résultat des libations de toute la semaine. Elle s'informa avec intérêt de la santé de M. Henri, qui, après avoir pris quelque nourriture, sortit enveloppé dans son man-

teau, et se dirigea du côté des montagnes en côtoyant le Bréda. L'hôtesse
demeura sur le seuil de la porte, et le
suivit des yeux aussi long-temps que
le lui permit la construction peu régulière des rues d'Allevard. Quand il eut
disparu, elle regarda un moment le
ciel et tendit sa main comme pour s'assurer s'il ne tombait aucune goutte
d'eau. « Le soleil est rouge, dit-elle,
le col des Sept-Laux est caché par le
brouillard; ce matin j'ai entendu crier
les paons du château. Brave jeune
homme! il ne trouvera en chemin que
l'orage et de pauvres montagnards qui
n'ont jamais mangé du pain de froment.
Pourvu que son manteau ne tente pas
quelques maudits habits verts qui n'ont
pas plus de conscience que des payens
et des Turcs. »

Après avoir achevé ce soliloque et
distillé encore quelques injures contre
les employés des douanes et contre la

régie, objets de sa haine, elle se livra aux soins de sa maison jusqu'à l'arrivée de son mari. Celui-ci rentra vers midi, suivi de trois vigoureux paysans qui portaient sur leurs épaules un chamois qu'ils jetèrent dans un cabinet attenant à la cuisine.

« — Merci, mes amis, dit l'hôte en versant à boire à ses compagnons; bonjour, Thérèse, la chasse n'a pas été bonne, un chamois, un seul; mais il a l'estomac bien garni, ajouta-t-il, en jetant un coup-d'œil d'intelligence sur sa moitié.

» — Vous avez été bien long-temps, Claude, répondit Thérèse; j'étais en peine, et je crains toujours que vous ne vous fassiez quelque mauvaise affaire avec les saute-buissons.

» — Bah! repartit le mari, j'ai la vue bonne et l'oreille fine; on ne marche pas sur des coquilles de noix sans les faire crier, mais du diable si je rap-

portais ma chasse sans le secours de ces
braves gens : vous ne les connaissez
pas, Thérèse ? ce sont les trois frères
Maillard de Saint-Pierre, des drôles
qui ont le pied leste et qui ont nagé
plus d'une fois dans le Bréda, au clair
de la lune s'entend. »

Les trois paysans saluèrent leur hôte
et choquèrent fortement leurs verres,
tandis que l'hôtesse s'écriait : — « Sainte
Vierge ! comment ne connaîtrais-je pas
les frères Maillard ! il n'y a pas un habit
vert qui ne s'en plaigne et qui n'en ait
reçu quelques bons horions.

» — Et c'est bien fait, la bourgeoise,
dit l'aîné des trois frères. Qui sait si ce
n'est point un péché de jurer le dimanche ? mais de par tous les démons
qui tentèrent saint Antoine, un habit
vert n'est pas plus à craindre pour
Étienne Maillard que pour ses frères.

» — Figurez-vous, Thérèse, dit le plus
jeune, et je vous parle ainsi parce que du

temps où votre père envoyait ses troupeaux paître les bruyères de la montagne
de Saint-Pierre, j'ai plusieurs fois roulé
votre tablier dans mes mains (1) : mais
laissons cela, continua-t-il en soupirant, tandis que l'hôtesse baissait les
yeux en rougissant. Un jour que j'avais
été me promener en Savoie, car cela
est bien permis à un chrétien, Thérèse,
je fus poursuivi par trois habits verts,
et je me mis à gravir le Grand-Glezin
comme un écureuil et à franchir les
torrens comme un chamois. Les trois
drôles me suivaient de près; fatigué
que j'étais, je me tapis dans des geniè-
vres; nous étions près du col de l'É-
vêque, vous savez, où les follets font
paître les vaches la veille de Noël. Je
vis bientôt revenir mes trois coquins
de saute-buissons; ils étaient pâles

____

(1) *Voyez* la note placée au bas de la page 38,
tome 1.

comme des morts, on ne les a plus
revus depuis. Croyez-vous, Thérèse,
que ce sont les follets qui les ont em-
portés?...

» — Que parlez-vous de follets?
dit l'hôte en se frottant le front. Ce matin, je revenais tranquillement en sif-
flant, lorsque j'ai vu quelque chose sur
les ruines de la tour. Oui, ce ne pouvait être rien de bon; si ce n'était pas
le follet, c'était bien certainement le
diable. J'avais déjà caché dans les bruyères le chamois que je portais sur mes
épaules, et je me préparais à courir
comme le plus beau lièvre qui ait jamais
mis les chiens en défaut dans les bois
de Saint-Hugon, quand vous êtes arrivés fort à propos.

» —Fi donc! l'ancien, fi donc! reprit
Étienne Maillard, ce follet était un habit
vert, et je gagerais bien que le chamois
avait la conscience chargée. Vous n'êtes
pas homme à avoir peur du diable, et

vous coucheriez bien, pour un barral (1) de vin, dans le cimetière d'Allevard, même sur la tombe de votre première femme. »

L'hôte, s'apercevant que son système de frayeur n'avait pas réussi, prit le parti de parler avec plus de franchise, après avoir préalablement rempli les verres de ses compagnons : « J'avoue, dit-il en riant, que ce n'était ni un follet ni un habit vert, et j'ai pu m'en assurer quand vous avez pris le devant avec le chamois sur vos épaules. J'ai voulu voir de plus près si c'était réellement un esprit que j'avais aperçu, et j'ai trouvé un jeune homme de la ville, car il avait un grand manteau et un beau chapeau rond ; il paraissait très-occupé

____

(1) Mesure dauphinoise qui sert spécialement pour le vin. Sous le régime féodal on appelait *barrage* le droit que les seigneurs prélevaient sur le vin de leurs vassaux.

à examiner ces vieilles pierres grises. Je vous dirai entre nous....

» — Ne faites pas de supposition, Claude, dit la femme en lui coupant la parole suivant son habitude, car ce jeune homme est un voyageur qui a couché ici la nuit passée et qui reviendra ce soir.

» — Par l'ame des vieux moines de Saint-Hugon, répondit l'hôte, je lui souhaite bien du plaisir ; il n'y a plus que des serpens qui visitent ces ruines, si ce n'est du moins la vieille Benoîte....

» — Silence, Claude, silence, s'écria l'hôtesse à demi-voix, vous savez bien qu'il arrive souvent malheur à ceux qui parlent de Benoîte, sans faire attention à ce qu'ils disent.

» — Bon, dit Étienne Maillard, tout le pays sait qu'elle est fée ou qu'elle n'en vaut guère mieux ; mais si jamais je la trouve dans mon champ occupée à caresser mes vaches, afin de leur jeter des sorts, la scélérate sorcière qu'elle est, je lui frotterai les épaules avec le manche à balai qui lui sert pour aller au sabbat !

» — Tu vas plus souvent que moi courir au clair de la lune, ivrogne maudit ! » s'écria d'une voix glapissante une vieille femme appuyée sur une petite béquille et qui était entrée dans l'auberge sans qu'on s'en aperçût. La colère donnait à ses rides une expression sauvage difficile à décrire. Sa présence inattendue au moment où l'on parlait d'elle produisit un effet inconcevable sur tous les interlocuteurs, le terrible Étienne Maillard lui-même pâlit un moment ; mais il se remit bientôt et lui dit en clignant les yeux d'un air résolu.

« — Que voulez-vous, la mère du diable ? nous apportez-vous des nouvelles de l'enfer ? Il y fait plus chaud que sur le lac où vous allez quelquefois danser à minuit, quand tout le monde vous croit sur la paille comme une citrouille de vendanges.

» — Et tu en as menti, ivrogne, répondit la vieille femme. N'est-ce pas une honte qu'un grand mauvais sujet comme toi puisse insulter la nourrice de sa mère?

» — Allons, allons, ne nous fâchons pas, reprit le paysan; n'aimez-vous pas mieux réchauffer votre conscience, si vous en avez une, avec un verre de bon vin? Mais ne revenez pas dans mon clos, ou bien je vous apprendrai un air que vous ne savez pas, dût votre ami Satan m'emporter après.

» — C'est ce qui pourra bien t'arriver, Étienne, dit la vieille, adoucie probablement par la proposition qu'on venait de lui faire, car tu es plus souvent au cabaret qu'à l'église. » Elle but alors le vin que l'hôte lui avait versé, et en s'essuyant les lèvres elle ajouta:

« Adieu, mes enfans ; ne médisons pas du prochain, c'est un vilain défaut. Quand je vais dans ton clos, Étienne, c'est pour m'assurer si l'on ne te vole pas, mon garçon. Que saint Nazaire ait pitié de nous ! car nous vivons dans un temps où une mauvaise action n'est pas si rare qu'une bonne. Pour toi, Claude, tu me donneras un peu de tabac de Savoie ; ne fais pas l'étonné, le ventre d'un chamois peut cacher bien des choses. »

Les paysans se mirent à rire, tandis que l'hôte effrayé s'empressa de remplir la tabatière de la vieille qui continua ainsi : « Adieu, Thérèse, tu auras un enfant aux vendanges prochaines, pourvu qu'à la Chandeleur tu brûles un cierge devant l'image de Saint-Martin-de-Miserere, en disant la prière que je t'ai enseignée. » A ces mots elle sortit de l'auberge.

« — Cette prière fera de l'effet, reprit Étienne, quand celle qu'il appelait une sorcière eut disparu ; oui, si saint Martin s'entend avec le diable. Quel dommage qu'on ne puisse plus faire prendre un bain à cette vieille folle dans un bon cent de fagots !

» — Je vois que vous voulez vous retirer, Messieurs, dit l'hôtesse, à qui le sujet de la conversation ne paraissait pas plaire ; ne vous gênez pas ; et vous, Claude, il vous faut changer de linge, mon ami ; sainte Vierge ! vous êtes en sueur. »

Les paysans s'éloignèrent, et l'hôtesse n'eut rien de plus pressé que d'aller visiter le cabinet où le chamois avait été déposé. On dit qu'elle fendit le ventre de l'animal avec une promptitude qui annonçait qu'elle n'était point étrangère à cette opération. On ajoute même qu'elle remplit son tablier de paquets de tabac et d'autres menues marchandises, qu'elle y trouva habi-

lement cachées, mais nous ne voulons
rien assurer à cet égard.

Cependant la prédiction de l'hôtesse
commençait à s'accomplir ; la journée
était sombre et orageuse, et aux approches du soir un brouillard épais et
froid couvrit la vallée. La bonne Thérèse ne tarda pas à s'inquiéter de l'absence de M. Henri. Elle craignit qu'il
ne se fût égaré dans les bois ou qu'il
ne fût tombé dans quelques fondrières ;
elle était d'autant plus désolée, que
son neveu Jacques Morel ne parut pas
ce jour-là à l'auberge du château. Il y
eut au reste beaucoup de monde, et
tout en débitant son vin et en vantant
ses truites et ses omelettes, l'hôtesse,
dont le cœur était excellent, songea
plusieurs fois à ce qui pouvait retenir
M. Henri si long-temps. Quand il fut
entièrement nuit ses craintes devinrent
plus vives, mais enfin elle se retira
après avoir ordonné à une servante de

veiller toute la nuit pour attendre le voyageur; cette précaution fut inutile, car celui-ci ne parut pas. Seulement vers dix heures du soir, un paysan des environs, qui repartit de suite, vint prévenir que M. Henri passait la nuit à la ferme de Rambaud.

Au moment où l'hôtesse témoignait les plus vives appréhensions sur le sort de l'étranger, celui-ci n'était pas sans inquiétudes, et la position dans laquelle il se trouvait n'était pas sans dangers. Un brouillard intense ne lui permettait plus de reconnaître les chemins par où il avait passé quelques heures auparavant; bientôt de larges gouttes de pluie, mêlées à des flocons de neige à demi-fondue, vinrent augmenter l'embarras de sa situation. M. Henri se trouvait alors dans une gorge étroite, hérissée de rochers et de précipices, au fond desquels retentissaient avec violence les eaux bruyantes d'un torrent. Les côtes étaient plantées de sapins peu élevés, mais dont les troncs serrés les uns contre les autres formaient, par les branches les plus rapprochées de la terre, une voûte épaisse et obscure, où les rayons du soleil ne pénètrent pas plus que la violence des ouragans. Le voyageur se jeta sous cet abri naturel, et marcha quelque temps en se courbant un peu au milieu des plus profondes ténèbres, et redoutant à chaque instant que le sol ne manquât sous ses pas. Enfin il gravit un des côtés du ravin, et présuma qu'il rentrait dans la vallée, quand il s'aperçut que la forêt s'éclaircissait considérablement et qu'il se trouvait auprès d'une terre labourée.

Les forces de M. Henri commençaient à s'épuiser ; il n'avait rien pris dans la journée ; un vent violent et glacial faisait flotter son manteau et acquérait ainsi assez de prise pour qu'il eût de la peine à lui résister. Il glissait à chaque instant sur un terrain inégal où le froid piquant qui avait succédé à la pluie formait une couche de glace vive. Ces dangers trop réels ne purent cependant distraire son imagination des sensations extraordinaires qu'il avait éprouvées pendant la journée. On dit qu'il s'était dirigé du côté des ruines de la tour, et que là de nombreux souvenirs avaient rempli son cœur d'un enthousiasme religieux. On ignore quel mystérieux rapport existait entre ce jeune homme et les restes dégradés par le temps d'un monument du moyen âge.

M. Henri allait succomber à la fatigue, quand les aboiemens éloignés d'un chien vinrent ranimer son courage en lui rendant l'espoir qu'il approchait enfin d'un lieu habité, ou que des chasseurs du pays l'aideraient à retrouver le chemin d'Allevard. Il ne se trompait pas dans la première de ces conjectures.

Le brouillard se dissipait peu à peu,
mais il faisait entièrement nuit ; et, après
avoir prêté l'oreille pour reconnaître
de quel côté partaient les aboiemens
qu'il avait entendus, il aperçut à peu
de distance une lumière assez vive.
Aussitôt il cria au secours de toute la
force qui lui restait ; il lui sembla que
la lumière qu'il apercevait changeait de
place, et qu'un mouvement causé par le
bruit de sa voix avait lieu à l'endroit d'où
partait la lueur vers laquelle li se diri-
geait. Au bout de quelques instans une
ouverture pratiquée entre deux haies
lui permit de traverser un lieu planté
d'arbres, mais à quelque distance les
uns des autres, ce qui le convainquit
que c'était dans un verger qu'il se trouvait et qu'il était aux environs d'une
ferme. La lumière ne paraissait plus,
et, privé de ce fanal salutaire, il marcha
encore quelque temps au hasard, lorsqu'une voix, qui ne lui était pas incon-

nue, se fit entendre près de lui ; il écouta un moment comme pour s'en assurer.

« — Non, cela n'est pas possible ce soir, Nanette, dit quelqu'un à voix basse, il faut que je retourne à Allevard, que je revoie ma tante ; la brave femme qu'elle est serait inquiète.

» — Vous ne m'aimez donc plus, Jacques, repartit une voix douce ; il y a loin d'ici au bourg, la nuit sera triste et orageuse, et vous préférez que ce soit moi qui tremble pour vous.

» — Bientôt, Nanette, nous ne nous quitterons plus, mes jours et mes nuits seront pour vous.... pour vous seule.

» — Mais pourquoi ne pas demeurer au moins auprès de moi pendant le souper, la veillée est si agréable quand vous la passez avec nous ; vous savez de si belles histoires.

» — Et ce ne sont pas celles qui vous réjouissent le plus, Nanette, » re-

partit le premier interlocuteur. Un bai-
ser tendrement appliqué prouva alors
que celui qui parlait ainsi ne se trompait pas. « — Mais, ajouta-t-il d'une
voix élevée, on nous écoute, je crois, je
viens d'entendre un soupir qui est parti
près de nous. Qui est là ?....

» — Un ami, Jacques Morel, un
ami qui s'est égaré et qui a besoin de
votre secours, » répondit M. Henri, qui
avait peur que la conversation des deux
amoureux ne se continuât plus long-
temps.

» — A moi, Rambaud, à moi ! s'é-
cria Jacques. De la lumière, vite ! Voici
le voyageur d'hier soir. »

Rambaud s'empressa de satisfaire aux
vœux de son ami. Mais Nanette, légère
comme le chamois des montagnes, le
devança, et M. Henri, soutenu par
Jacques, entra dans la ferme. On le plaça
de suite auprès du feu à côté d'un vieillard respectable assis dans un grand

f auteuil, et qui se leva assez promptement quand il aperçut un étranger aussi remarquable que M. Henri, et qui paraissait être de la connaissance de son petit-fils et de son futur gendre. Quand l'étranger fut assis et débarrassé de son manteau qui était couvert d'une couche blanche de frimas, il se fit un assez long moment de silence dont nous allons profiter pour esquisser le tableau qui l'entourait.

L'intérieur de la salle dans laquelle M. Henri fut introduit, était en tout conforme à la description que nous avons faite d'une ferme dauphinoise au commencement de cette histoire. Un nombre assez considérable de personnes était alors réuni autour de la grande table, et animait cette scène digne à la fois du pinceau de Van-Dick et de celui de Rembrandt. L'appartement était éclairé par deux lampes de cuivre suspendues au plafond et attachées à deux

petits soliveaux noircis par la fumée.
Cinq ou six garçons et autant de jeunes filles gracieuses et fraîches étaient occupés à casser des noix. Deux vastes pots d'étain étaient placés à chaque bout de la table, et aux verres à demi-remplis qu'on voyait encore devant quelques-uns des convives ou des ouvriers, il était facile de juger qu'ils avaient circulé plusieurs fois. L'aïeul occupait un des coins de la cheminée, il venait de placer ses lunettes dans les feuillets d'un livre qu'il lisait quand la présence de M. Henri l'avait inter-rompu. Sa figure vénérable respirait la paix de son ame, et de longues mêches de cheveux blancs s'échappaient de dessous son chapeau à trois cornes, coiffure dont se parent les montagnards les jours de fêtes, et on ne doit pas oublier que c'était un diman-che. Il avait une veste de velours couleur olive, son gilet était de drap rouge

et taillé à longues basques, comme les portaient les marquis de la cour de Louis XIV. Une ceinture de la même couleur retenait un vêtement qui ressemble au haut-de-chausses du temps d'Henri IV et de Louis XIII, et qu'on appelle en Dauphiné des *brayes*. Des guêtres de peau qui montaient jusque au milieu de la cuisse complétaient son vêtement; elles étaient retenues un peu au-dessous du genou par des jarretières en laine bleue. Les costumes des autres paysans ressemblaient en tout à celui-là, à l'exception du drap grisâtre dont leurs vestes étaient faites, et de la couleur de leurs jarretières. Il n'y a que les individus un peu aisés qui portent le velours. Derrière le fauteuil du vieillard, une femme d'environ trente ans s'appuyait sur un coude et avait l'autre bras placé en avant, presque sur la poitrine du grand-père : la partie la plus remarquable de son vêtement était une grande coiffe qui a quelques rapports avec la mitre d'un évêque; deux larges dentelles qui partaient du haut de cette coiffure tombaient presque sur ses épaules. Elle portait de grandes boucles d'oreilles en or, et une chaîne du même métal pendait à son cou ; elle avait un de ces tabliers rouges, à petites raies noires, d'étoffe de *Limoges*, qui couvrait une partie de son sein et qui descendait fort bas.

Tous les assistans levèrent les yeux sur l'étranger et se parlèrent à l'oreille quand il entra, mais à un signe de Rambaud ils reprirent leur ouvrage, et ce fut lui qui rompit le premier le silence, qu'on gardait sans doute par respect.

« — Allons, Catherine, dit-il à la jeune femme qui était restée auprès du vieillard, va dire deux mots à nos poulets de carême, et que demain il s'en trouve six qui ne chantent plus. Monsieur, ajouta-t-il en s'adressant au voya-

geur, nous n'avons à vous offrir que
des mets grossiers, auxquels vous n'ê-
tes point habitué ; mais si vous voulez
faire à de pauvres paysans l'honneur de
partager leur repas, nous ferons de notre mieux pour que vous soyez content. Par Saint-Nazaire ! un étranger,
fatigué comme vous paraissez l'être,
n'est jamais sorti de la maison de mon
père sans avoir goûté son vin......

» — J'accepte avec reconnaissance,
répondit celui-ci ; je ne vous cacherai
pas que j'ai le plus grand besoin de
l'hospitalité que vous voulez bien m'offrir. Je me suis égaré dans la montagne,
et ce soir j'étais fort en peine pour retrouver mon chemin, quand la voix de
votre ami est venue m'annoncer que
j'étais hors de tout danger.

» — Que ne m'avez-vous pris pour
guide ? dit Jacques Morel ; il n'y a pas
un sapin de nos combes que je ne
connaisse aussi bien que le clocher de

Saint-Marcel-d'Allevard. Au reste, Monsieur, vous voyez ici une famille nombreuse et honnête dont j'espère faire bientôt partie.

» — Et vous le méritez, Jacques, mon cher filleul, répondit le vieillard; sauf le respect que je dois à monsieur, je ne connais pas dans la vallée un jeune homme qui soit plus sage et plus économe que vous, et il faut cela aujourd'hui qu'un pauvre laboureur est si à plaindre. Ne baisse pas tant les yeux, Nanette; n'oses-tu pas montrer devant tout le monde que tu es amoureuse? Tiens, entends rire ces drôlesses qui cassent des noix, et qui parlent à leur voisin du nom qu'elles donneront à leur premier enfant. Ce n'est pas qu'on ne doive toujours être sage et vertueuse, Nanette, que le bon Dieu nous protége! ce n'est pas une petite chose que le mariage.

» — Père, s'écria Rambaud, vous

faites rougir ma pauvre Nanette, ne parlons pas de tout cela ce soir; ne voyez-vous pas qu'il y a ici un étranger?

» — Taisez-vous, Pierre, répondit le vieillard; votre père, mon pauvre Antoine, que son patron prenne pitié de son ame, était plus respectueux que vous. Je ne suis ni rigide ni ridicule, et je ne désapprouve pas une inclination honnête. » Rambaud baissa les yeux et ne répondit rien; car, en Dauphiné, le respect sans bornes que tout le monde a pour les vieillards est encore plus prononcé dans l'intérieur des familles qui vivent unies, et dont deux ou trois générations exploitent souvent ensemble la même ferme. « Mon beau Monsieur, continua le grand-père en s'adressant à l'étranger, tandis que Nanette couvrait de baisers ses mains tremblantes, il fut un temps où l'on pouvait faire plus d'honneur à sa maison, et où le digne M. de Bérulle venait souvent s'asseoir à la place où vous êtes, sans vouloir jamais prendre ce fauteuil que je lui offrais à cause de son âge et de ses vertus.

» — Je vous remercie de votre attention, Monsieur, répondit le jeune homme, mais le nom que vous venez de prononcer ne me semble pas inconnu ; auriez-vous la bonté de me rappeler quelque chose de la personne qui le portait ? »

Les yeux du grand-père parurent s'animer, et des souvenirs à la fois agréables et pénibles occupèrent un moment son esprit. « — Il est maintenant à la droite de Dieu, reprit-il ; c'était sur la terre le président de notre parlement ; il fut le dernier qui exerça cette charge vénérable parmi ces dignes magistrats, amis du peuple de cette province, et qui défendaient nos priviléges. Jamais sa bouche ne prononça un arrêt injuste, et il sut résister à M. de

Tonnerre quand, au mépris des libertés
du Dauphiné, il voulut contraindre le
parlement à enregistrer de mauvais
édits. Que Dieu ait pitié des rois qui
laissent ainsi tourmenter les défenseurs
du pauvre peuple! »

Il dit ces dernières paroles d'un ton
grave et solennel, et il ressemblait, au
milieu de ses enfans, à ces patriarches
de la Bible à qui Dieu daigna quelquefois se révéler. Jacques Morel fit signe à
Rambaud que cette conversation pourrait affliger son aïeul en lui rappelant
des souvenirs sur lesquels il n'était que
trop enclin à revenir. Rambaud le comprit, il sortit un moment pendant que
sa ménagère jetait du linge blanc sur le
haut bout de la table et couvrait le
reste d'écuelles en terre qui devaient
servir aux voisins et aux domestiques;
il rentra bientôt chargé des deux pots
d'étain qu'il avait été remplir du vin
piquant et léger qu'on recueille dans les

environs. Pendant ce temps, M. Henri considérait en silence la scène villageoise qui l'entourait, et regardait le vieillard avec un intérêt indéfinissable.

Enfin le souper fut servi. Il consistait, suivant l'usage, en un énorme potage aux choux, flanqué de plusieurs quartiers de porc salé. Rambaud porta le fauteuil du grand-père, qui devait occuper toute la largeur de la table, à l'extrémité de l'appartement. M. Henri s'assit à la droite du vieillard ; car, dans ces montagnes, la place d'honneur appartient au plus âgé, et les étrangers, quel que soit leur rang, n'obtiennent jamais que la seconde. La petite Nanette, qui osait à peine lever les yeux, se mit à la gauche de son grand-père, et Jacques Morel s'assit auprès d'elle. Quant à Rambaud et à sa ménagère, ils se placèrent vis-à-vis l'un de l'autre, à peu près au milieu de la table, afin d'être à même de ne laisser man-

quer de rien leurs convives de droite
et de gauche ; les domestiques et tous
les assistans se rangèrent à table, dans
le bout opposé à celui qu'occupait le
vieillard. Dans les montagnes du Dauphiné, la domesticité n'a rien de dégra-
dant, et tout le monde partage le couvert du maître.

Les convives restèrent un instant debout en s'approchant de la place qui
leur avait été désignée ; alors le vieillard se découvrit en se levant, et
tout le monde l'imita. Il prononça à
haute voix le *benedicite*, chacun répondit *amen* et s'empressa de faire
honneur au repas. M. Henri fut un
moment surpris de trouver devant lui
un couvert d'argent et une serviette
blanche plissée. « — C'est pour vous
faire honneur, Monsieur, lui dit le
vieillard ; mes enfans et nos amis man-
gent dans de l'étain, que ma fille Catherine a soin de tenir toujours luisant.

Quant à moi, ils veulent que je me serve de ces couverts d'argent et de cette timballe du même métal ; voyez, Monsieur, c'est un cadeau de ce bon M. de Bérulle, dans le temps où nous étions ses fermiers ; ses armes y sont gravées....

» —Père, dit Rambaud, qui voulait interrompre le vieillard, sans cependant qu'il eût à s'en plaindre, ne touchez ni vous ni Monsieur à rien de tout cela, et vous ferez un meilleur souper. Du diable ! si jamais poule plus grasse a été servie sur la table d'un seigneur d'autrefois. » En effet, Catherine venait de placer, sur la partie de la table où se trouvaient son grand-père et l'étranger, un mets qui eût pu faire honneur à la cuisinière d'un chanoine ou d'un avoué. Chacun ne songea plus qu'à son appétit, et M. Henri gouverna le sien assez bien pour prouver que ce repas était de son goût.

Bientôt les pots d'étain circulèrent avec rapidité, et tous les convives commencèrent à parler à la fois, quoiqu'ils se maintinssent dans les bornes d'un certain respect, à cause de l'étranger et des regards imposans que Rambaud jetait sur eux de temps en temps. Un des domestiques, étant sorti un moment pour faire une visite au cellier, dit en rentrant quelques mots à voix basse au convive qui se trouvait près de lui; celui-ci en fit part à son voisin, et tous les assistans furent aussitôt dans la confidence, excepté ceux qui occupaient le haut bout de la table. Le vieillard s'aperçut de cette manœuvre, et demanda à son fils de quoi il s'agissait.

« — Guérin vient de nous assurer, répondit Rambaud, qu'il ne ferait pas bon à aller ce soir à l'affût du chamois; la pluie tombe par seaux, comme les bénédictions d'un nouvel évêque, quoiqu'il fasse un brouillard très-épais.

» — Dans mon temps, reprit le vieillard, qui avait vidé plusieurs fois sa timbale d'argent, de bons garçons savaient garantir leur poudre, et ils n'avaient pas peur de quelques gouttes d'eau, quand ils voulaient avoir un plat de gibier pour régaler un étranger. Dans ce temps-là, Rambaud, on ne tirait pas sur une chèvre effrayée comme si c'eût été un beau chamois du Glézin ou des Sept-Laux.

» — C'est bien, mon bon père, c'est bien, s'écria le fermier, en riant du reproche que lui faisait le vieillard, moquez-vous de ma maladresse; qui aurait pu penser que la chèvre d'une fée comme Benoîte brouterait au clair de la lune dans les combes du Pinsot?

» — Oui, ajouta sa femme, et c'est bien pardonnable; mais comme il fait

trop mauvais temps pour que nous
laissions partir Monsieur ce soir, ainsi
que vous, beau-frère Morel, vous verrez si demain les gelinottes ont eu d'assez bonnes ailes pour éviter le plomb
de Rambaud.

» — C'est le devoir d'une femme
honnête, répondit le vieillard, de prendre la défense de son maladroit de
mari; mais, par Saint-Hubert! nous
verrons, Catherine, s'il tiendra parole
demain. Tu feras préparer pour Monsieur, ma bonne fille, la chambre qu'a
si long-temps habitée mon pauvre
Antoine; c'est celle que M. de Bérulle
m'a fait souvent l'honneur d'accepter.
Quant à vous, Jacques, vous coucherez
dans ma chambre; il y a un bon lit où
ce drôle là-bas, ajouta-t-il en dési-
gnant son fils, a rêvé bien des fois à
Catherine Mérand. Il a fait un bon rêve,
mon garçon, vous tâcherez de l'imiter,
et nous parlerons de vos fiançailles.

Écoutez ! je veux être encore parrain d'un de mes arrière-petits-fils. »

Nanette baissait les yeux en tirant à elle un bout de la nappe, suivant l'usage des gens embarrassés. « — Que le ciel vous bénisse, père Rambaud, pour d'aussi douces paroles, s'écria Jacques ; ce ne sera certainement pas une étrangère qui allumera cette année la bûche de Noël dans la maison de mon père. Mais, j'y songe, je ne puis accepter votre offre, car le voyageur est trop fatigué pour se remettre en route ce soir et par le temps qu'il fait ; il faut que j'aille prévenir ma tante qui serait trop en peine de son absence.

» — Jamais je ne souffrirai cela, dit M. Henri, je compte bien reprendre ce soir le chemin d'Allevard.

» — C'est ce que nous ne verrons certainement pas, repartit Rambaud ; oh ! oh ! Monsieur, nous savons aussi le proverbe de la montagne : Ne prenez

pas tout le miel et les abeilles reviendront. Cousin Audru, dit-il ensuite à
un vigoureux jeune homme qui était
auprès de lui, va à Allevard aussi vite
que la pierre que tu lances quelquefois
avec ta fronde, mon brave ; dis à Thérèse Morel qu'elle n'attende pas ce soir
ce voyageur ni son neveu, et si son
mari a fait bonne chasse rapporte-nous
un quartier de chamois en échange de
la cruche d'huile vierge que je lui ai
donnée hier. »

Il n'avait pas achevé que la porte avait
été violemment repoussée, et que le
jeune paysan était sur le chemin du
bourg. Nous avons vu plus haut qu'il
s'acquitta de sa commission. Plusieurs
santés furent échangées, on quitta la
table, et les bancs ajoutés aux chai-
ses décrivirent devant la cheminée un
vaste demi — cercle ; après quelques
conversations que nous rapporterions
si nous étions sûrs qu'elles intéressas-

sent le lecteur, Jacques Morel céda à une nouvelle demande de M. Henri, et annonça à haute voix qu'il allait dire la ballade du sire de Crouy. Après avoir toussé, craché et s'être mouché plusieurs fois, précautions oratoires qui ne sont jamais inutiles, le plus profond silence régna dans la ferme, et le savant d'Allevard s'exprima comme nous allons le voir dans le chapitre suivant. Nous ne voulons pas jouir du privilége des romanciers nos confrères, et nous déclarons que nous nous sommes permis de faire des changemens au style qu'employa Jacques Morel dans le cours de sa narration, afin de la rendre plus intelligible pour tout le monde et par-conséquent plus intéressante.

PREMIER RÉCIT.

LE MYSTÈRE.

Comme il suivait une ancienne route où
l'herbe était haute, il voit dans le milieu un
homme tel que je vais vous le dépeindre.

AUCASSIN ET NICOLETTE.

« CECI est l'ancienne chronique du
sire de Crouy ; elle a été composée par
un moine de Saint-Hugon, le même qui
a dit à ses frères : « Le temps est pro-
» che où l'orage des méchans gron-
» dera sur les murailles sacrées de cette
» abbaye ; alors on cherchera vaine-
» ment les serviteurs de Dieu dans ces
» longs corridors où viendront se re-
» poser les tempêtes, où les vents dé-
» chaînés mugiront, où les rayons de
» la lune tomberont solitaires. Les ser-

» pens et les vipères se disputeront ces
» ruines, et le montagnard ne s'age-
» nouillera plus en entendant de loin
» les cantiques des saints. » Or, cette
terrible prophétie n'est-elle pas accom-
plie? Quel est l'insensé qui foulerait
sans crainte les débris de l'abbaye?
Des reptiles venimeux sifflent dans les
bruyères qui remplissent maintenant la
nef et les cours de cet antique monastère. Le lierre croît dans ses murs dégradés, et l'on dit que le soir un pouvoir secret y donne la mort au chasseur
assez audacieux pour en profaner l'enceinte : que Dieu fasse paix aux religieux de Saint-Hugon !

» Quel est cet homme superbe qui
paraît debout sur le côteau d'Allevard?
Un panache blanc comme la neige des
montagnes flotte sur sa toque de velours, des fourrures d'Arménie parent
son manteau, et indiquent que ce personnage occupe un rang distingué à la

cour du dauphin. Le temps n'a point encore marqué son passage sur son front, il paraît être dans la fleur du bel âge ; cependant une inquiétude vague et silencieuse respire dans ses traits décolorés. Ses regards mélancoliques se perdent dans la vallée, et semblent y chercher un objet inconnu : c'est le sire de Crouy, le jeune seigneur de la Tour ; les vassaux ne s'éloignent point de sa personne, agités par la crainte ; son nom est béni dans la cabane du pauvre, et la touchante histoire de sa famille est souvent racontée sous le châlet de la montagne.

» La nuit descend lentement des hauts rochers du Glézin, elle s'étend sur la forêt comme un voile mystérieux. Le Bréda roule une écume blanche, et mêle le bruit de ses flots au bêlement des troupeaux qui rentrent à la ferme. Déjà la fumée s'élève et se perd dans les airs, elle annonce que la famille

est réunie autour de l'antique foyer.
C'est l'heure où le sire de Crouy, semblable à l'esprit du soir, apparaît aux
pieds des remparts de la vieille tour où
il vient promener ses rêveries et ses
douleurs solitaires. Les hommes igno-
rent la cause de sa tristesse, aucun mot
flatteur ne sort plus de sa bouche, l'a-
mertume de ses pensées se peint dans
le sourire qui vient quelquefois effleu-
rer ses lèvres, et ses plus fidèles serviteurs n'osent l'interroger.

» Connaissez-vous les malheurs de
ce noble baron? Ses pères n'ont pas
reçu le jour dans les champs fertiles
d'Albon ou du Graisivaudan. Cependant parmi ces châtelains à races antiques, qui lèvent la lance pour le dauphin, il n'en est pas un seul qui ne
rende hommage à son origine. Ses ancêtres ont régné jadis sur les enfans
des Huns, le sang d'Attila coule dans
ses veines, un voile de pourpre a cou-

vert son berceau, une garde nombreuse et farouche veillait aux portes de son palais. Sa taille élevée, sa démarche grave et imposante, ses longs cheveux d'un noir d'ébène, les éclairs qui sortent de ses yeux, tout en lui n'annonce-t-il pas que les grandeurs de l'homme ne périssent pas en un jour? Mais le chêne est renversé par la foudre, et le fils des rois a erré sans asile. La fortune a dispersé la postérité de Béla, le monarque aveugle; l'orage des révolutions a grondé dans les cités de la Hongrie, il a fait courber les têtes royales, et exilé sur la terre une foule de princes destinés au trône.

» Accoutumé à l'esclavage et indifférent sur le choix de ses maîtres, le peuple n'a point élevé sa voix en faveur de la liberté. Comme le malheureux n'a point de patrie, l'esclave n'a jamais ni illusions ni espérances. Le pontife de Rome a seul excité à la révolte des sujets jusque-là fidèles ; c'est ainsi que des mains imprudentes plantèrent la croix au-dessus des trônes. Les fils d'André, de ce roi proscrit, errèrent long-temps de cités en cités : comme ces oiseaux égarés que la tempête a éloignés de la terre natale, ils n'osaient se reposer au milieu des peuples où les poursuivaient encore les foudres du Vatican.

» Viens dans la terre hospitalière des dauphins, illustre descendant de Béla ; viens te reposer sous les peupliers de la vallée d'Albon. Là, tu ne craindras plus les cruelles alarmes de l'ambition ; tes yeux seront réjouis par un spectacle ravissant, et les hommes te tendront une main amie. Notre chère vallée a tous les charmes d'une belle fille : elle ne ressemble cependant pas à la fiancée timide, qui, baissant vers la terre ses yeux humides, croit dérober aux regards de son amant le vif incarnat de son visage; c'est une jeune mère, brillante de fraîcheur et de beauté, dont le sein a été fécondé par les baisers brûlans de l'époux. Son sourire est agréable, son port est gracieux, sa voix harmonieuse, et le lait de ses mamelles porte la vie dans les flancs du nouveauné. Telle est la vallée d'Albon, la terre des braves.

» Guy – André, le sage dauphin, était alors dans les murs de Grenoble; il y tenait ses assises et rendait la justice à ses sujets; des fêtes guerrières et brillantes animaient sa capitale. Il fit ouvrir les portes de son palais au proscrit hongrois, de nombreux chevaliers remplissaient ses salles, et le festin fut préparé. Les fêtes de l'hospitalité sont consolantes comme les épanchemens de l'amitié. Alors Pierre Vidal plaça ses doigts sur sa harpe, et le joyeux ménestrel fit entendre à la noble assemblée la chanson suivante :

« Accourez, troubadours de Provence
» et de Dauphiné, vos harpes ne ré-
» sonnent-elles que pour l'amour? ne
» savent-elles que célébrer la gloire
» des lances et des épées? Moi, je dirai
» aux peuples : Écoutez et chantez avec
» moi les louanges d'un prince qui
» est secourable au malheur, et qui,
» semblable à nos pères, n'éloigne pas
» l'étranger de son foyer où pétille la
» flamme du chêne.

» Quand le voyageur essuie son
» front couvert de sueur, que ses pieds
» enflés ne sont plus défendus par sa
» chaussure broyée sous le tranchant
» des pierres, et que son bâton noueux
» plie et se rompt sous le poids de son
» corps affaissé, ses regards affaiblis se
» lèvent douloureusement sur les cré-
» neaux d'un manoir dont les habitans
» sont plongés dans le sommeil.

» Mais le sourd gémissement qui
» s'exhale de son sein va frapper une

» oreille humaine ; la porte crie, et
» roule sur ses gonds antiques, la
» lourde chaîne se détend, et le pont-
» levis est baissé. Le voyageur est
» introduit dans la salle des festins ;
» bientôt une onde limpide coule sur
» ses pieds, et un breuvage salutaire
» ranime ses lèvres desséchées par la
» soif.

» Salut au voyageur ! Quelle émotion
» délicieuse suspend les battemens de
» son cœur ? Il sourit et ses fatigues
» semblent oubliées, il sourit et l'Es-
» pérance, fille du ciel, ramène dans
» ses traits flétris les douces couleurs
» de la vie ! — Hôte généreux, dit l'é-
» tranger, je serai ton ami, je mar-
» cherai sous ta bannière, et je tirerai
» pour toi l'épée de mon père.
» Fuyez loin de l'homme farouche,
» dont le cœur n'a jamais tressailli de
» pitié, dont la coupe ne s'est jamais
» emplie pour le voyageur fatigué. Il

» ne vivra dans les souvenirs de per-
» sonne; son nom ne sera pas pro-
» noncé dans une langue étrangère et
» sous un climat lointain. Quand il ne
» sera plus, la bruyère sauvage croî-
» tra sur sa tombe abandonnée ; il aura
» passé sur la terre comme un jour de
» tempête, et si quelqu'un se le rap-
» pelle, ce sera pour le maudire. »

» Ainsi chanta Pierre Vidal. Soudain les pages et les varlets du dauphin couvrirent le plancher d'une litière fraîche, et servirent un jeune daim qui naguère bondissait sur les montagnes embaumées du Villars; ils offrirent aussi aux nobles convives des faisans qui avaient chanté dans les bois du Prabert, et du sanglier de la forêt de Chamboran. Le vin remplit les coupes, et le dauphin dit à son hôte : « Noble étranger, soyez le bien-venu dans ces lieux. Par saint George de Dauphiné ! plus d'une belle baronie peut vous dédommager de ce que vous avez perdu ; rendez-nous hommage pour le fief d'Allevard qui ne relève que de nous et de notre épée ; soyez notre homme-lige, et servez-nous loyalement, comme cela convient à un digne chevalier de votre race.

» C'est ainsi qu'accueilli par le dauphin Guy-André, un prince de Hongrie acquit les vastes et fertiles domaines d'Allevard (1). Félix de Crouy s'éteignit bientôt après dans les bras de son épouse. La vie errante et aventureuse de l'exil avait rempli son ame

———————

(1) Il est constant qu'il y a ici une grande erreur de date : faut-il en accuser l'honnête Jacques Morel ou le moine de Saint-Hugon ? Félix de Hongrie, fils du roi André, dit le Vénitien, ne vint en Dauphiné que vers la fin du treizième siècle ; l'acte d'investiture de la baronie d'Allevard, fait en sa faveur, porte la date du 5 des ides de décembre 1286, par conséquent sous le règne du dauphin Humbert Ier. Guy-André, ou Guigues VI, second prince de

d'amertume et de douleur. La solitude n'est pas toujours un asile où puisse s'oublier une grande passion ou une grande infortune : heureux celui qui peut les vaincre en fuyant, et qui n'emporte pas dans son cœur le trait empoisonné !

» Dix années se sont écoulées, et depuis ce temps le bruit du cor n'a pas fait baisser le pont-levis du château d'Allevard ; une poterne, cachée sous des touffes de lierre, suffit à ses paisibles habitans. Guy-André ne vient plus, à la tête de ses barons, visiter son noble

---

la maison de Bourgogne, était mort en 1236. On voit que le chroniqueur, ou Jacques Morel, a oublié le dauphin Guigues VII, mort en 1270, et Jean Ier, mort en 1282. Humbert, baron de la Tour, devint dauphin, sous le nom d'Humbert Ier, par son mariage avec la dauphine Anne : c'est donc sous son règne que Félix de Hongrie, tige de la Maison de Crouy-Chanel, acquit des terres en Dauphiné.

vassal; la voix du châtelain et de ses chasseurs ne retentit plus dans les bois solitaires d'Allemont et dans les combes dangereuses du Pinsot. La main du temps, qui détruit et répare, déchira enfin ce voile sombre qui enveloppait les terres d'Allevard. Le jeune sire de Crouy grandissait, déjà sa force égalait son adresse; il avait le courage chevaleresque de ses pères et la franche gaîté de la montagne. Combien de fois le nouveau baron se mêla-t-il aux danses et aux jeux de ses vassaux! Souvent son faible bras soulevait les armes paternelles, et sa voix animait les chasseurs. Il s'élançait de rochers en rochers, comme le chamois qu'il poursuivait; il souriait en voyant couler son sang d'une légère blessure, et se précipitait dans les flots écumeux du Bréda, dont les mugissemens n'ébranlaient pas son courage.

» Un jour, la cloche paroissiale frap-

pa les airs de ses tintemens funèbres,
et apprit aux vassaux que le sire de
Crouy n'avait plus de mère. On déposa
sa dépouille mortelle à côté des restes
desséchés de Félix le proscrit (1).

» Cependant la corneille au plumage
noir ne faisait plus entendre ses cris
sinistres dans les créneaux de la tour;

----

(1) N'en déplaise au savant Jacques Morel,
il commet encore ici un anachronisme que nous
sommes forcés de relever. Il semblerait que le
héros de cette ballade est Antoine de Crouy-
Chanel, fils de Félix de Hongrie; tandis que le
nom d'Agnès de Sassenage qu'on donne à son
épouse, et la suite de cette histoire, prouvent
évidemment qu'il s'agit au contraire de Pierre
de Crouy-Chanel, seigneur d'Allevard, qui,
étant encore mineur, épousa en effet, par l'en-
tremise de Jean II, dauphin de Viennois, et de
Béatrix de Hongrie sa femme, Agnès de Véracien
(Sassenage). Le moine de Saint-Hugon, à qui
l'on attribue la composition de cette histoire, a
bien pu se tromper, et il est encore plus pro-
bable que la tradition s'est altérée en passant

le beffroi annonçait souvent des mes-
sages du dauphin ou de son mistral (1);
l'étendard de Hongrie, mi—partie de
Dauphiné, était arboré sur le manoir
du sire de Crouy; tout respirait la jeunesse du maître, tout s'animait de sa
présence.

» Le châtelain n'avait vu que dix-

---

ainsi de générations en générations. D'ailleurs,
la bataille de Varey à laquelle assista le sire de
Crouy (Voy. tome IV de cet ouvrage) est un
événement important dans l'histoire du Dauphiné. Elle eut lieu sous le règne de Guigues VIII ; ce dauphin battit complètement les
troupes du comte de Savoie qui y fut fait pri-
sonnier, et fut aussitôt relâché à la demande
de quelques seigneurs dauphinois. L'histoire
du Dauphiné désigne Pierre *de Channais* ou *de
Chanel* comme l'auteur de ce fait d'armes. C'est
donc bien du petit-fils et non pas du fils de
Félix de Hongrie qu'il s'agit dans la ballabe, et
nous demandons pardon à l'honorable Jacques
Morel de l'avoir prouvé.

(1) Le mistral était un officier du dauphin,

huit printemps quand le Dauphin lui
choisit une épouse. Agnès de Sassenage était belle comme le matin d'un
jour de printemps. Elle quittait la cellule du monastère pour venir s'asseoir
au banquet de l'hymen, elle n'aima
qu'en connaissant le bonheur, et son
cœur s'ouvrit en même temps au plaisir et aux pensées délicieuses des pre-
mières amours. Heureuse celle qui dé-
pose sa couronne virginale sur la cou-

---

chargé de recouvrer le produit des impôts et
les revenus seigneuriaux. Il était quelquefois
employé à des fonctions diplomatiques. Les
seigneurs avaient aussi leur mistral qui avait,
relativement à eux, les mêmes devoirs à remplir
que celui du dauphin. Le mistral de Vienne
était en outre investi du droit de rendre la justice. Ducange (Gloss.) croit que ce mot vient
de *ministralis negotiorum gestor*, nom qu'il dit
avoir été donné dans le moyen âge à un officier
inférieur, dont les fonctions étaient relatives à
la perception du cens et aux affaires des riches
seigneurs féodaux.

che de son époux. Elle n'a point connu ces passions brûlantes qui dessèchent l'ame et changent le cours de la vie.

» Le sire de Crouy aima Agnès, sa noble épouse ; sa demeure devint le séjour des fêtes et des plaisirs, le ménestrel errant y était accueilli et ses chansons étaient répétées dans les vastes salles du château. Bientôt cependant le jeune châtelain reprit les habitudes de son enfance ; mais c'était seul qu'il parcourait les bois et les montagnes et sans être moins empressé, moins tendre auprès de son épouse ; on s'apercevait néanmoins que d'autres pensées occupaient son esprit.

» Agnès venait de donner le jour au premier fruit de son hymen, des fêtes nombreuses eurent lieu au château d'Allevard ; mais le seigneur n'y apporta point cette gaîté expansive, cette joie pure qui fait tressaillir le cœur d'un père, à l'aspect de son premier né. Il était devenu sombre et rêveur, il ne parlait que rarement et ne répondait que par monosyllabes. Souvent auprès de son épouse, ces distractions mélancoliques paraissaient agir moins puissamment sur son esprit. Il souriait à l'enfant qu'elle tenait dans ses bras et lui prodiguait les plus tendres caresses; mais tout-à-coup une pensée triste paraissait s'emparer de lui, il couvrait de baisers la main d'Agnès et s'éloignait d'elle précipitamment. On dit même que des pleurs roulaient quelquefois dans ses yeux, et que des mots sans suite sortaient de sa bouche. La conduite bizarre du sire de Crouy n'avait point échappé à l'œil pénétrant de la tendre Agnès. « — Mon seigneur, lui dit-elle un jour, d'où provient la tristesse qui vous accable, ne pouvez-vous en confier la cause à ma fidélité? Venez, mon noble époux, l'amour a besoin de confiance et d'épanchemens,

il a des secrets pour tous les maux. »
Le châtelain resta pensif et agité, il soupira et se retira sans lui répondre.

» Depuis ce temps personne n'avait
osé interroger le baron. Ce fut un soir
d'automne, comme la lune se levait et
réfléchissait ses rayons dans l'onde du
Bréda, et que le ciel parsemé d'étoiles
n'était obscurci par aucun nuage, que
quelqu'un frappa à la porte de l'appartement éloigné où le sire de Crouy se
renfermait avec soin depuis quelque
temps. Il était alors appuyé sur un bal-
con garni d'une balustrade en fer; il
paraissait plongé dans une méditation
profonde ; le bruit qu'il venait d'entendre le tira de sa rêverie, et levant la
tête avec autant d'étonnement que de
fierté : « Qui est là ? » dit-il. A ces mots
un homme entra dans l'appartement,
et porta la main à son chaperon orné
de plumes de héron. C'était Roland
Amblard, le fidèle écuyer de corps du

baron, et le plus brave de ses hommes d'armes.

« — Que voulez-vous, Roland, dit
le sire de Crouy ? avec plus de surprise
encore; quelle raison vous fait m'importuner aussi tard?

» — Si c'est le bon plaisir de votre
seigneurie que je me retire à l'instant,
répondit l'homme d'armes, je suis prêt
à lui obéir, car mon intention n'a point
été de l'importuner.

» — Roland, continue le châtelain,
vous fûtes le compagnon de mon enfance, je vous vois toujours avec plaisir; ne soyez point offensé de ce que je
viens de vous dire : vous avez été élevé
dans la maison de mon père, et vous
vous êtes toujours conduit comme un
bon et digne serviteur; mais que me
voulez-vous?

» — C'est bien là vérité, mon noble maître, reprit Roland, c'est moi
qui vous appris à tendre un arc et à

manier une lance. Sauf le respect que je dois à votre seigneurie, dans ce temps-là, tout allait bien mieux, et par saint Hugon! nous avons plus d'une fois réveillé les marmottes de Savoie, qui viennent maintenant brouter l'herbe de vos domaines.

» —Expliquez-vous plus clairement, Roland, si, comme je le pense, vous n'avez pas l'intention de me manquer de respect.

» — J'aurais vécu trop long-temps, Monseigneur, quoique j'espère abattre encore plus d'un chamois et faire connaissance avec plus d'une cotte de maille de Savoie, si je pouvais avoir une telle pensée; mais comme je vois, à l'impatience de votre seigneurie, que ma présence ne lui est pas agréable, je vais lui faire connaître en deux mots l'objet de ma visite. L'épée de vos hommes d'armes se rouille dans le fourreau; comme c'est le bon plaisir de votre seigneurie, nous ne pouvons le trouver mauvais. Mais Albert de Sassenage a toujours à son service trois ou quatre cents braves lances qui ne servent pas seulement à monter la garde dans son château, et s'il plaît à votre seigneurie, je viens prendre congé d'elle.

» — Cela ne sera pas, Roland, répondit le châtelain avec un mélange de tristesse et de colère, cela ne sera pas si vous êtes un homme et que vous valiez le quart autant qu'autrefois. Ainsi vous abandonneriez votre maître, qui s'est montré souvent votre ami, vous mériteriez que je fisse châtier votre insolence, mais je vous pardonne en raison de vos bons et anciens services. Allez, je ferai valoir si vous m'y forcez les droits que j'ai sur votre personne, comme étant votre seigneur et votre maître.

» — Je suis votre vassal, repartit Roland avec fierté, mais je ne suis

point votre serf! Que Dieu soit béni !
depuis saint Hugues, le bon évêque de Grenoble, et le vieux Guy
notre dauphin, il n'y en a point dans
ce beau pays (1). Je remercie cepen-

---

(1) L'esclavage de la glèbe a sans doute existé
en Dauphiné comme dans le reste de la France ;
mais on a la consolation de le voir modifié de
bonne heure dans cette province. L'organisation
et les droits municipaux de quelques communes
remontent à une époque antérieure au règne
de Louis-le-Gros. Après la dissolution du second royaume de Bourgogne, le Dauphiné fut
morcelé en petits États indépendans dont s'em-
parèrent les évêques et les seigneurs les plus
influens lors de cet événement. Cependant les
libertés de Grenoble datent probablement de
l'expédition du saint évêque Isarn qui chassa
les Maures de son diocèse. Nous avons vu avec
peine dans un ouvrage publié récemment (*Ré-
sumé de l'histoire du Dauphiné*, par M. Lau-
rent), qu'on attribue cette glorieuse entreprise
à Charles-Martel. Si l'auteur avait consulté à
cet égard la tradition et les monumens histo-

dant votre seigneurie , parce qu'enfin sa colère prouve que mon service ne lui est pas indifférent. Mais par saint Hugon ! comme disait le dauphin André, n'est-ce pas une honte que des hommes qui portent un gilet de fer, passent leur vie dans un château à côté des quenouilles et des femmes de dame Agnès ! Pardon, mon noble maître, ajouta-t-il avec sensibilité , il faut qu'une fée maudite vous

---

riques, il n'aurait point hésité à rendre à l'antique mémoire de ce prélat l'hommage que méritent son patriotisme et sa valeur. Ce sont les Dauphinois seuls qui délivrèrent leur territoire; le midi des Gaules ne faisait point partie de la France, et depuis l'invasion du royaume de Bourgogne par Clovis, aucune armée française n'avait pénétré dans ce pays. Isarn n'accomplit son généreux dessein que long-temps après la mort de Charles-Martel qui n'est jamais venu en Dauphiné. Ce ne fut qu'après sa victoire de Tours que les débris de l'armée des Maures se répandirent dans la province viennoise.

ait jeté un sort, pour que vous soyez aussi triste et insensible à tout ce qui faisait battre votre cœur autrefois. Il fut un temps où le son du cor vous plaisait plus que celui d'une harpe, et où ces beaux ménestrels à cheveux blonds, maudits fainéans qui en content à vos jeunes filles, ne trouvaient pas ici un accès aussi libre.

» — Tes plaintes sont injustes, Ro-

Cet évêque était contemporain de Charlemagne, et ne vivait pas en 991 comme le suppose Chorrier dans son *Histoire générale de Dauphiné*. Il est constant que les Maures ne furent point entièrement chassés de France avant le neuvième siècle; la province viennoise et la partie méridionale de l'ancien royaume de Bourgogne furent les derniers pays qu'ils occupèrent. Charlemagne les repoussa au-delà des Pyrénées, et à défaut d'autres lumières, il faut s'en rapporter à la tradition qui place à cette époque l'épiscopat d'Isarn et la délivrance du Dauphiné.

land, dit le châtelain avec effort, tu ne sais pas combien elles m'affligent. Tu aurais dû respecter davantage ma douleur. Mon vieil ami, crois-tu que je ne souffre pas autant que toi de l'oisiveté dans laquelle je passe ma vie? Plus d'une fois j'ai lu dans les yeux de mes hommes d'armes qu'ils n'approuvaient pas ma conduite, les ingrats qu'ils sont tous! Roland, un mal secret me dévore, le monde m'est à charge, le jour a trop d'éclat pour mes yeux, et je n'aime que les lueurs de cet astre qui jette maintenant ses paisibles rayons sur la vallée. Mais ce soir... ce soir, Roland, j'espère que mes maux finiront.

» — Mon bon et digne maître, s'écria le brave écuyer, en se jetant aux genoux du baron et en saisissant sa main qu'il couvrit de baisers, je ne vous quitterai plus tant que vous voudrez bien me garder auprès de votre personne. Pardonnez à ma franchise; Roland

Amblard n'a jamais dit une parole qui ne fût la vérité, et qu'il soit maudit le jour où il cessera d'en agir ainsi. Mais vous avoir affligé, par saint Hugon! c'est un péché dont le pape ne pourrait m'absoudre. Si vous êtes sous la puissance d'un maléfice, comme cela est arrivé à plus d'un noble chevalier, il faut faire un pélerinage à Saint-Bruno-de-Chartreuse, ou bien, cela vaudrait peut-être mieux, j'irai moi-même à Saint-Hugon, et je ramènerai avec moi le père Soffréon; c'est le moine le plus instruit qui ait jamais chanté matines; il sait lire aussi bien que le diable qui a inventé le griffonnage, et deux ou trois de ses bonnes prières vous tireront de-là.

» — Non, Roland, non, cela est inutile, répondit le châtelain avec un sourire mélancolique; le maléfice, sous l'influence duquel je me trouve, doit céder à des moyens plus naturels. Relevez-vous, Roland; demain, quand le coq aura chanté, trouvez-vous prêt à me suivre avec cinq ou six de mes gens.

» —Bon, bon, répliqua celui-ci avec joie, je crois qu'il faudra préparer les chiens et savonner les cordes de nos arcs; si nous laissions faire les daims et les chamois, ils viendraient bientôt manger l'herbe qui croît sur les remparts du château.

» —Je présume, Roland, ajouta encore le châtelain en souriant, que nous ne tarderons pas à avoir affaire plus sérieusement. Comme la guerre est un jeu qui vous plaît, vous pourriez bientôt entendre sonner de la trompette. Édouard de Savoie est ambitieux et puissant; on dit qu'il arme en secret, et que notre jeune dauphin, qui connaît ses projets, se propose de lui rendre une visite avec dix mille chevaux. Par saint Étienne de Hongrie! nous soutiendrons la querelle de notre suzerain, et nous défendrons notre patrie adoptive en gens de cœur.

» — Que le ciel vous bénisse, mon noble maître, répondit Roland, pour ces bonnes paroles ; cela fait battre un cœur dauphinois, de penser que le comte de Savoie ne trouve pas ses domaines assez grands, et qu'il veut les augmenter avec ceux de notre prince. Que saint George de Dauphiné nous soit en aide ! Le dauphin promet d'être un chevalier aussi brave que jamais baron, qui ait chaussé l'éperon d'or. C'est un jeune milan qui n'a pas encore les ailes bien fortes, mais qui volera toujours assez haut pour plumer les hérons de Savoie ; cependant, pour dire la vérité, Edouard est un vieux routier qui a de braves gens avec lui, et il y aura bien des chevaux sans maître quand nous nous rencontrerons.

» — C'est ce qui ne peut manquer d'arriver, Roland, repartit le sire de

Crouy, mais retirez-vous. Ah! veillez à ce qu'il ne se trouve personne du côté de la poterne. »

« L'homme d'armes s'inclina avec respect, et s'éloigna pour exécuter l'ordre qu'il venait de recevoir. Voilà plusieurs fois, se dit-il à lui-même, que le baron me fait la même recommandation, mais, sur mon ame, je saurai ce soir à quel propos : je me cacherai derrière le bastion, c'est une chose résolue. Cela n'est pas bien de vouloir surprendre le secret de son maître ; mais, puisque c'est par zèle pour son service et par dévouement pour sa personne, il n'y a pas tant de mal. Au reste c'est un digne seigneur : au lieu de m'administrer quelques corrections, comme je le méritais bien, il m'a écouté assez tranquillement; je veux savoir s'il ne court aucun danger. A ces mots Roland Amblard entra dans son appartement, il prit un sabre plus léger que celui qu'il portait ordinairement, et, couvert d'un ample manteau, il alla, après avoir fait sa ronde, se mettre en sentinelle derrière un bastion qui masquait la poterne.

» Roland ne tarda pas à se trouver à même de vérifier ses soupçons, car il vit un homme qui s'avançait avec précipitation, et que les rayons de la lune, qui brillaient alors de l'éclat le plus vif, lui permirent de reconnaître pour le sire de Crouy lui-même. Il avait pris des vêtemens moins brillans; son bonnet de feutre n'était orné que par quelques plumes de héron, et un simple manteau de drap vert, qu'on fabriquait alors à Vienne, recouvrait le vêtement complet d'un simple homme d'armes. Le châtelain tira une petite clef de sa ceinture, et soudain la porte de la poterne s'ouvrit devant lui. Roland remarqua avec peine le soin que son maître prenait à la refermer : « — Par saint Hugon! dit-il tout bas; il ne sera pas dit que j'ai perdu si tôt la trace du daim. » Alors il s'élança avec agilité au-dessus du bastion, et, s'appuyant sur les branches d'un gros arbre qui était au pied du mur extérieur, il se trouva en peu de temps hors du château.

» Le sire de Crouy gravissait le coteau élevé qui sert de digue au Bréda, et il paraissait se diriger vers la hauteur. Roland le suivait avec difficulté, le plus profond silence régnait dans la vallée; les rayons de la lune tombaient d'aplomb sur sa tête, et la clarté qu'ils répandaient le forçait souvent à se cacher à l'ombre épaisse d'un sapin, dans la crainte d'être aperçu. Il marchait d'un pas aussi léger qu'un chat qui cherche à surprendre un oiseau, et il connaissait assez bien le terrain pour être certain de l'endroit où il posait son pied, mais pour rien au monde il n'aurait voulu être découvert. Arrivé dans un taillis où le sentier tournait sur lui-même et devenait plus rude, il fut contraint de s'arrêter, car son maître ne paraissait pas à vingt pas de lui. Soudain Roland crut apercevoir une ombre qui se levait d'un épais buisson de genièvre, et qui se plaçait entre le châtelain et lui. Il pensa d'abord que cette ombre était celle du châtelain, mais il fut bientôt détrompé en voyant son maître arriver sur la hauteur et entrer dans le bois qui, de ce côté, se prolongeait depuis les bords du Bréda jusqu'aux sites les plus élevés de la montagne, tandis que l'ombre restait toujours à la même place.

« — On voit souvent de vilaines choses, la nuit dans cet endroit, se dit Roland à lui-même; par saint Hugon! quand toutes les fées de Sassenage et celles qui dansent à cette heure sur les rochers du Glézin se mettraient à mes trousses, rien ne m'empêchera de suivre mon cher maître : mais si c'est un homme qui médite quelque attentat; que je meure ! si je ne sais bientôt de quelle couleur est le sang d'un traître. » A ces mots il tira son sabre, et, se glissant, avec l'adresse d'un montagnard, à travers les halliers et les quartiers de rochers, il se trouva en face de l'objet qu'il avait aperçu, et à quelques pas de lui.

» C'était un jeune homme d'une taille élevée, et qui, les bras croisés sur sa poitrine, paraissait plongé dans la plus profonde rêverie. Son costume n'annonçait pas qu'il fût né dans une classe riche; un bonnet ou chaperon de drap rouge placé sur son oreille droite laissait échapper de beaux cheveux blonds qui tombaient sur ses épaules; ce bonnet n'était surmonté que d'une branche de chêne de l'espèce de celui qui reste toujours vert. Un justaucorps bleu dessinait parfaitement sa taille régulière et bien prise ; ses cuisses étaient recouvertes, jusqu'au-dessus du genou, par des brayes de la même couleur. Des rubans de laine rouge se croisaient sur sa jambe nue, et retenaient des espèces de bottines étroites, qu'on portait dans ce temps-là. Il avait à son côté un sabre, dont la poignée d'acier était assez luisante pour faire présumer que la lame n'avait pas eu le temps de se rouiller dans le fourreau.

« — Par saint Hugon et saint George de Dauphiné! voilà un varlet qui a bonne mine, dit Roland entre ses dents, ce ne peut être un assassin ; si je m'en rapporte à la branche de chêne qu'il porte avec tant de fierté, ce doit être un vassal du baron des Adrets, car c'est là le signe de ralliement de la noble maison de Monteynard (1). Voyons un peu,

----

(1) La châtellenie des Adrets n'appartenait point alors à la maison de Beaumont ; cette fa-

mon jeune faucon, de quel côté vous entendrez siffler.

« — La vision m'aurait-elle trompé? dit le jeune homme assez haut, je ne suis pas loin de l'endroit qu'elle m'a indiqué, et je viens d'apercevoir quelqu'un qui semble effectivement se diriger du même côté. Vision maudite! Par l'ame de mon père! malheur à celui qui me ravirait Ermia. » Il porta alors la main sur la poignée de son sabre et s'enfonça brusquement dans le bois.

» Roland le suivit d'aussi près qu'il put. « — Si tu as eu une vision, mon brave, pensait-il, comment mon noble

---

mille n'a pris de l'importance que sous le règne d'Humbert II, dernier dauphin du sang national. Amblard de Beaumont était le notaire de ce prince, et ce fut lui qui écrivit en cette qualité l'acte de transport du Dauphiné à la France. C'est en lui que commença la noblesse de cette famille d'où sortit, pendant les guerres religieuses du seizième siècle, le célèbre baron des Adrets.

maître pourrait-il te ravir Ermia? Du diable! si je ne m'y perds pas ; mais il ne faut pas jurer à cette heure, et dans cet endroit solitaire. Que saint Hugon me protége ! »

» Arrivé dans un lieu sauvage et désert, où un énorme rocher noirci par les orages s'élevait dans les airs et semblait menacer d'écraser incessamment par sa chute les imprudens qui chercheraient un abri sous la voûte qu'il formait, Roland s'arrêta ; car la personne qu'il suivait avait disparu. Vainement ses yeux de lynx cherchaient à découvrir, à travers les genêts et les bruyères qui peuplaient les bords du torrent, des traces d'un passage récent. Il fut un moment trompé dans son attente. Enfin, déterminé à savoir ce qu'était devenu son maître, comme il jetait les yeux sur un massif de sapins qui semblaient avoir été plantés exprès dans une forme circulaire, il crut aper-

cevoir une ombre blanche qui se glissait légèrement entre les branches des
arbres. Il était placé trop loin pour
distinguer les objets , et par conséquent pour pouvoir examiner cette
nouvelle apparition. Malgré les préjugés du temps , Roland, qui craignait
pour son maître, s'étant avancé le sabre
à la main, arriva derrière le taillis, et il
vit distinctement une jeune fille age-
nouillée sur le rocher. »

LA
SORCIÈRE D'ALLEVARD.

Bonne fée, oh ! tra, la, la ;
Il faut mettre vos lunettes
Et nous montrer les fillettes
Qu'on voit rire , tra, la, la ,
Quand on leur conte fleurettes.

ANCIENNE CHANSON.

Quand la lampe du cachot a jeté sa clarté rougeâtre sur le sang d'un martyr immolé, nulle pieuse prière ne s'est élevée auprès de son lit de mort ; aucune larme n'a coulé à l'aspect de son sein sanglant, et son cœur s'est brisé sans entendre la voix d'un ami.

LE CHANT FUNÈBRE DE WALACE.

JACQUES MOREL s'arrêta, et aussitôt un murmure général l'avertit que la situation qu'il avait choisie pour couper son récit, excitait trop d'intérêt pour qu'on ne lui sût pas bon gré de le reprendre de suite. Rambaud s'approcha de lui, et de la façon la plus flegmatique remplit de vin un verre qu'il lui offrit. Jacques Morel l'avala d'un trait, s'essuya les lèvres, regarda tout le monde d'un air triomphant et malin. M. Henri, qui avait prêté la plus grande attention au récit du montagnard, lui tendit la main que celui-ci serra avec expression.

« — De mon temps, Rambaud, dit le vieillard, personne ne buvait, dans une société honnête, sans que tout le monde ne fût armé d'un verre, et que le pot d'étain ne passât de mains en mains.

» — Père, répondit Rambaud, comme il est vrai que votre patron est le plus grand saint du paradis, après saint Pierre, s'entend, c'était aussi l'usage au régiment. Mais celui qui a fait une histoire, a le droit de relever la sentinelle avant tous; ah! me gronderez-vous encore? »

Tous les paysans se mirent à rire aux éclats, et paraissaient être de l'avis de Rambaud. « — Vous savez bien, reprit le vieillard, que je n'aime point vos habitudes de soldat; voilà comme vous êtes, tous : quand un uniforme a couvert vos membres quelques jours, vous oubliez les coutumes de vos pères, pour prendre celles des porteurs de brètes et des tapageurs. Il n'y a pas un fanfaron qui s'étant servi d'un sabre après avoir manié une charrue, ne soit prêt, s'il le faut, à le tirer contre de dignes citoyens qui vivent sous la paix de la loi. Taisez-vous, Rambaud, quand je parle ; allez, pour punition, continue le vieillard en souriant, chercher dans le petit caveau à main droite, quelques-unes des bouteilles qui ont du sable jusqu'au goulot, afin que nous puissions trinquer à la santé de cet honorable étranger. »

Les paysans applaudirent de nouveau, car la conclusion de ce discours ne pouvait leur déplaire. Rambaud s'empressa d'obéir à son aïeul.

« — Oui, riez, mes lurons, continua le vieillard. C'est bien, Jacques Morel, tu n'as rien oublié de cette vieille histoire. Plusieurs fois je l'ai entendu raconter par mon père, au coin de cette cheminée, quand l'hiver était venu et qu'il fallait tiller le chanvre et préparer le pressoir. Mais dans ce temps-là le prieuré de Saint - Hugon n'était pas comme aujourd'hui un monceau de ruines, et l'on pouvait voir, dans le chœur de la chapelle, des tombeaux qui renfermaient les restes de la famille de Crouy. Long-temps avant la révolution, les moines furent obligés d'aller chercher un asile auprès de leurs frères, à la grande Chartreuse ; car l'édifice tout entier s'ébranlait quand la cloche sonnait les matines ou les vêpres. Moi, j'ai vu tout cela, et c'était un digne homme que le prieur de Saint-Hugon ; quand nos bestiaux étaient détruits par les maladies, il ne disait pas à tout le monde le bien qu'il faisait, mais il savait remplacer une vache par une vache, le brave homme ! Aussi la dernière fois que je le vis, la crainte de la mort ne m'empêcha pas de le secourir, et de lui céder mon lit pendant plusieurs mois.

» — Et pourrai-je vous demander à quelle occasion, respectable vieillard, dit M. Henri, vous pouviez courir quelque danger en donnant l'hospitalité au prieur de Saint-Hugon. »

L'aïeul passa la main sur son front, et répondit aussitôt : « — Cela se peut, Monsieur. C'était pendant l'hiver de 1793. A cette époque on avait supprimé les seigneurs et chassé les moines de leurs couvens. Quoiqu'on eût alors de bonnes intentions, Monsieur, que Dieu nous le pardonne, on a commis bien des injustices, les bons ont payé pour les méchans ; et cependant, suivant notre digne curé, le Seigneur a dit : *C'est à moi qu'appartient la vengeance.* Mais dans ce temps-là on n'écoutait rien, et de pauvres vieux prêtres se sauvaient dans les montagnes comme des criminels. Seigneur Dieu! cela était un bien triste spectacle. Un soir, on frappa à la porte de la ferme; mon pauvre Antoine était en réquisition, comme on disait alors, pour conduire du fourrage aux cavaliers qui étaient à Grenoble. J'allai ouvrir moi-même; un homme, aussi âgé que moi, me dit : « Par grâce, Rambaud, ne sauverez-vous pas un ancien ami. — Au péril de ma vie, répondis-je. » A la clarté de la lampe, je reconnus les traits du voyageur : c'était le père Augustin, le dernier prieur de Saint-Hugon.

» — Les anciens m'ont raconté sur lui des choses bien singulières, dit Jacques Morel; on croit qu'avant d'être moine il avait joué un grand rôle dans la province, et qu'il était d'une noble famille.

» — C'est la vérité, reprit le vieillard; il resta ici caché pendant quelque temps; il passait la journée à lire et à prier. Je crois que la présence du saint homme portait bonheur à ma maison; tout y prospérait. J'avais été nommé officier municipal à Allevard, et je ne craignais pas qu'on découvrît sa retraite. Dans ce cas-là il aurait été perdu, car le père Augustin n'aurait jamais prêté serment contre sa conscience. Un soir il me dit : « Rambaud, je suis bien vieux; il y a assez long-temps que je voyage sur la terre, je crois que le bon Dieu ne tardera pas à reprendre ce qu'il m'a donné. Il faut, mon ami, que vous me rendiez un grand service : je sais que les habitans de ce pays n'osent point approcher de notre ancienne abbaye, je veux rendre mon dernier soupir dans ce saint lieu, où je me con-

sacrai si jeune à la retraite et à la pé-
nitence. Donnez-moi votre bras, Rambaud, je connais tous les détours du
prieuré, et il doit toujours exister une
cellule où j'ai caché des objets que je
veux voir encore une fois. » Il ne fut
pas possible de détourner le religieux
de son dessein, et je le conduisis à
Saint-Hugon. Je l'accompagnai jusqu'à
l'endroit qu'il m'avait désigné, et là,
je lui apportai pendant huit jours quelque nourriture. Mais le saint homme
s'affaiblissait à vue d'œil, et je m'aper-
cevais qu'il passait jusqu'à une journée
sans rien prendre. Enfin un jour, de
grand matin, je venais le visiter, suivant ma coutume; j'entrai dans la cellule, mais elle était déserte. Je trouvai
sur sa couchette de fougère et de feuilles sèches, un petit coffre de fer, et
un papier sur lequel était écrit d'une
main tremblante : « Ceci est à vous,
» Rambaud ; si jamais la religion se ré-

» tablit, comme je l'espère dans mon
» cœur, je vous charge de remettre à
» un prêtre le calice qui m'a servi à
» célébrer les saints mystères dans
» mon exil ; vous le trouverez dans
» ce coffre. Quant à l'argent et aux
» autres objets qu'il renferme, vous
» pouvez en disposer ; rendez au monde
» ce qui lui appartient, et sur ce, re-
» cevez ma bénédiction.

             » *Signé*, le PÈRE AUGUSTIN. »

» Comme je m'en allais tristement,
ajouta le vieillard en essuyant une
larme, j'eus l'idée d'aller prier au pied
d'une de ces petites croix que les chartreux plaçaient sur leur tombe, et j'entrai dans le cimetière qui était en même
temps le jardin de l'abbaye. Quel fut
mon étonnement de voir la terre frai-
chement remuée, au pied d'une vieille
tour qui servait autrefois d'oratoire au
prieur de Saint-Hugon. Je me dirigeai
de ce côté, et dans une fosse qu'il avait

probablement creusée lui-même, je vis le père Augustin qui semblait profondément endormi. Ses mains étaient croisées sur sa poitrine, et tenaient encore un crucifix de bois ; le religieux était dans l'habit de son ordre. La fosse n'était guère profonde, en étendant la main je pus toucher les siennes ; elles étaient froides. Le père Augustin était mort. Je jetai sur lui la terre qui était sur les bords de la tombe, et quand j'eus fini ce triste travail, je me mis à genoux et je fis ma prière. Il y a à peu près vingt ans que la vieille tour s'écroula, et couvrit les ossemens du dernier prieur de Saint-Hugon. Que Dieu nous bénisse ! plus d'un saint a une belle chapelle sans l'avoir mieux mérité que le père Augustin.

» — La vertu, dit M. Henri, n'a pas souvent d'aussi zélés défenseurs que vous, mon digne père ; je trouve ici ce que j'aurais vainement cherché dans un

monde plus brillant. Heureux montagnards, vous n'avez que de doux souvenirs, la gaîté respire dans les yeux
de votre jeunesse, et cette union de famille, que tant de législateurs ont prise
pour but de leurs travaux, paraît inti-
mement établie parmi vous.

» — Nous ne valons guère mieux
que les autres hommes, répondit le
vieillard; nos vices vous échapperont
facilement parce qu'ils ne ressemblent
pas à ceux des villes que vous avez toujours habitées. Hélas! Monsieur, on
connaît ici l'envie et l'orgueil, et on a
pour les biens de la terre un attache-
ment qui cause bien des procès et des
malheurs. Mais voici mon petit-fils, et
Jacques Morel pourra, je le pense,
continuer un récit qui paraît beaucoup
vous plaire.

» — Je ne puis m'en défendre, reprit M. Henri; mais, mes bons amis,
je ne veux pas gêner vos habitudes;

quel que soit le plaisir que j'éprouve en écoutant cette vieille histoire, il ne faut pas me sacrifier votre repos.

» — Si nous étions en été, répondit Jacques, nous aurions de la peine à vous tenir compagnie aussi tard, car alors le travail des champs nous oblige à chercher notre couche aux derniers rayons du soleil, et à la quitter au chant du coq; mais dans cette saison nous aimons à allonger la veillée, et nous ne serions pas honorés de votre visite que nous serions encore réunis. »

Rambaud fit aussitôt les honneurs de la cave, et Jacques se prépara à continuer son récit. Un vent de nord-est soufflait avec violence dans la toiture de la ferme, et de fortes gouttes de pluie tombaient de temps en temps dans le foyer.

» — Que les saints protégent ceux qui voyagent à cette heure, dit Jacques, s'il se trouve dans les sentiers de la montagne d'autres personnes que des fous.

» — Ne parlez pas ainsi, Jacques, répliqua timidement Nanette, qui avait la tête appuyée sur les genoux de son aïeul, ne parlez pas ainsi, car j'entends la voix de quelqu'un dont il n'est pas prudent de se moquer. »

En prêtant l'oreille avec attention on recueillait, dans l'intervalle des bouffées de vent, quelques paroles cadencées comme celles d'une chanson, et un moment après le loquet de la ferme se leva brusquement, la porte s'ouvrit, et l'on vit avec étonnement s'avancer vers le foyer, une vieille femme appuyée sur un bâton en forme de béquille.

« — C'est le diable, dit tout bas Rambaud, ou la vieille Benoîte qui vient me demander sa chèvre. Bonjour, bonne mère, ajouta-t-il ; vous ne craignez donc ni la pluie ni l'orage, pour courir les champs par un tel temps, et à votre âge?

» — Si tu avais perdu un ami, dit Benoîte, peut-être prendrais-tu des précautions pour le chercher; mais tu as tué ma pauvre compagne, ma seule véritable amie; elle ne broutera plus l'herbe embaumée dans les combes qui n'appartiennent qu'à Dieu et aux pauvres gens.

» — Qui donc vous a dit que j'avais tué votre chèvre, mère Benoîte, s'écria Rambaud un peu surpris.

» — Qui me l'a dit? quelqu'un qui en sait plus que toi. L'oseras-tu nier? Ma pauvre chèvre, ma bonne guite, comme tout le monde l'appelait, elle ne répondra plus à ma voix. Tu ne sais pas, Rambaud, combien cela est triste pour ma vieillesse !

» — Bonne mère, dit Nanette, consolez-vous, mon frère vous donnera une chèvre plus jeune, et dont le lait sera plus abondant.

» — Je n'y manquerai pas, reprit

Rambaud; c'est une honte que j'aie pris votre guite pour un chamois. Mais le brouillard était épais, et une balle va plus loin que l'œil d'un homme, quand il fait un temps sombre.

» — C'est bien, ne parlons plus de cela devant un étranger, ajouta la vieille Benoîte en poussant un profond soupir ! »

M. Henri baissa involontairement les yeux, car le regard perçant de cette femme singulière était fixé sur lui. On s'était empressé de lui faire une place auprès du feu; elle étendit sur la flamme ses mains grêles et desséchées, et elle dit en se tournant vers les jeunes gens qui riaient derrière elle en se parlant à l'oreille :

« —Voyez les bons chrétiens ! comme ils rient entre eux de ma vieillesse; puisse Dieu ne pas les en punir ! Apprenez que j'ai été jeune comme vous : j'ai dansé sur la pelouse avec vos grands-pères, qui valaient mieux que vous.

» — Il m'en souvient, Benoîte, répondit le vieillard, et on dit qu'un jeune seigneur a souvent visité la maison de votre mère; car il y trouvait des yeux plus beaux que ceux qu'on rencontre à la ville.

» — Vous dites vrai, père Rambaud; mais ce sont des choses qu'on ne doit point révéler: car les murailles du prieuré de Saint-Hugon ne parlent pas, et c'est là que repose mon secret.

» — Il y a des mal appris, mère Benoîte, dit un des plus hardis, qui soutiennent que le vieux prieur, le père Augustin, en savait autant que vous là-dessus.

» — Tais-toi! langue de vipère, s'écria-t-elle avec colère, tais-toi! ne trouble pas la cendre des morts. On sait que, pendant la nuit de la Toussaint, au lieu de prier Dieu, tu es assez hardi pour venir manger le repas que ta mère, la bonne chrétienne qu'elle est! a soin de préparer pour le repos de l'ame de ton père, et il pourrait bien t'en arriver comme au baron de Lancey dans le temps des seigneurs. »

Il est d'usage immémorial, en Dauphiné, pendant la nuit du premier novembre, de servir sur la table un mets composé d'œufs et de farine bouillie. On dispose autant de couverts qu'il y a eu de personnes mortes dans la maison depuis quelques années. C'est à cette coutume que Benoîte faisait allusion en menaçant le jeune paysan dont la maligne observation avait excité sa colère; en même temps ses yeux perçans s'étaient portés sur M. Henri, qui écoutait avec attention les reproches de cette vieille femme, expressions de mœurs nouvelles pour lui.

« — Elle est fée, murmura le paysan à demi-voix et en baissant les yeux; il faut qu'elle soit fée pour deviner ce que font d'honnêtes gens pendant la nuit.

» — Pourquoi, bonne mère, dit M. Henri, me fixez-vous avec tant d'attention? Je viens pour la première fois dans ce pays, et vous ne pouvez me connaître.

» — Vous dites la vérité, Monsieur, répondit la vieille; mais personne de votre nom n'a-t-il jamais habité dans Allevard? Et, puisque nous parlons des morts, croyez-vous qu'aucun de ceux qui nous ont précédés ne puisse parler de vous?

» — Faiblesse! s'écria M. Henri, je ne sais ce que vous voulez me dire, ma bonne mère. Hélas! la tombe ne révèle point les mystères qu'elle renferme. Il faut honorer la mémoire de ceux qui ne sont plus, soit qu'ils nous furent chers, soit que leur vie contienne des exemples à suivre ou des infortunes à pleurer; mais c'est une chose peu conforme à la raison que d'invoquer leur témoignage. »

La vieille resta un moment pensive, ou plutôt comme ravie par une espèce de vision ; une larme brilla dans ses yeux, et enfin elle laissa tomber sa tête sur sa poitrine en poussant un profond soupir.

» — Cette femme, dit Jacques Morel à l'oreille de M. Henri, a plus de sens et de raison qu'on ne le croit généralement ; j'ai eu l'occasion de m'assurer qu'il entre beaucoup de prudence humaine dans ses sortiléges.

» — Vous parlez bien, Monsieur, dit le vieillard ; cependant tout ce que Dieu veut est possible, et plus d'une fois on a vu des choses qui ne sont pas naturelles.

» — Oui, père Rambaud, ajouta une jeune fille, la pauvre Roberte m'a dit qu'en gardant les vaches de son père elle avait revu son amant qui était mort à la guerre; quant à moi, que la sainte vierge me protége! je n'oserais passer, le soir, toute seule, le long des cloîtres de Saint-Marcel-d'Allevard.

» — Et vous voulez devenir fée, un jour, Rose! s'écria le jeune paysan dont l'observation avait allumé le courroux de Benoîte. Si vous étiez morte, ce qu'à Dieu ne plaise! j'aimerais à me promener dans la prairie, avec votre ame, par un beau clair de lune, et je n'aurais point peur.

» — Tu aimes mieux faire cette promenade avec une bonne chrétienne vivante! »s'écria un autre jeune homme. Un long éclat de rire suivit cette judicieuse remarque; mais tout-à-coup la figure de Benoîte prit une expression sévère et bizarre, et le silence se rétablit aussitôt.

« — Que Dieu pardonne à ceux qui ne croient point, dit-elle, et les préserve de la fin d'Isoard, le mauvais scigneur ! Ecoutez bien, vous autres, jeunes fous, qui riez des morts, et vous, Monsieur, ajouta-t-elle en se tournant du côté de M. Henri, vous me direz si votre nom ne se trouve pas dans l'histoire que je vais raconter. »

M. Henri tressaillit à cette brusque interpellation. La vieille femme demanda une pincée de sel qu'elle jeta dans le feu; précaution oratoire peu usitée, mais que prennent souvent les crédules habitans des montagnes quand ils se proposent de parler des morts ou des absens. Elle dit alors les paroles suivantes en donnant à sa voix des inflexions cadencées qui reproduisaient à peu près le récitatif de nos opéras :

Le Festin des Morts.

Si vous êtes de bonnes gens craignant Dieu et les saints, je vous dirai une histoire du temps passé. Vous y verrez comment fut puni de ses débauches un puissant seigneur qui s'appelait Isoard au sanglant panache, car du cimier de son heaume d'acier flottait une longue plume rouge.

Ce cruel baron, qui riait des plaintes du pauvre, était le sire de la Combe de Lancey. Plus d'une fois il descendit dans la vallée semblable à un violent orage ; il brandissait sa large épée à la tête de ses hommes d'armes, car plus de cent bonnes lances et deux fois autant d'habiles archers marchaient sous sa bannière. Il ne priait jamais et ne glorifiait point Dieu le saint jour de dimanche.

Or c'était du temps du dauphin Jean, le second de ce nom, qui était miséricordieux, justicier et ami du pauvre peuple. Et le dauphin appela son grand bailli de Graisivaudan, lui disant : «—Guigues Aleman, prenez deux cents de nos hommes d'armes couverts de fer, et envoyez un de nos hérauts à

Pierre de Chanel, seigneur d'Allevard, afin que tous les deux, mes braves chefs, vous puissiez sûrement châtier Isoard de la Combe, et que vous l'ameniez devant nous enchaîné avec de fortes chaînes d'argent, à cause qu'il est chevalier.

»—Voilà qui est bien, beau sire, mais Isoard au sanglant panache a fait un pacte avec le démon, et nos lances se briseront sur les écus de ses hommes, comme un brin de chanvre dépouillé de son écorce.

»—Par saint Georges! Guigues Aleman, tel est notre bon plaisir. Dieu vous aidera dans cette entreprise, et l'épée de Dauphiné, qui est montée sur du bois de la vraie croix, combattra pour vous. Isoard est sorti des noires combes de Lancey; il est descendu dans les basses terres, et, comme un vautour affamé, il s'est jeté sur le manoir hospitalier du baron de Froges.

» Les habitans des basses terres ont pris la fuite, et Isoard a enlevé la fille du baron. « — Que Dieu bénisse le dauphin, notre seigneur, dit un jeune chevalier, je lèverai la lance à côté de Guigues Aleman ; Isoard au sanglant panache tombera sous mes coups, et je planterai la bannière de Saint-Georges sur les tours sourcilleuses de la Combe.

» — Voilà qui est du bon vieux langage dauphinois, dit le prince émerveillé ! Qui es-tu, jeune homme au visage pâle ? — Je suis Raymond, cadet de Revel : j'ai du sang noble dans les veines, et je veux venger mon affront. J'avais les douces promesses de Béatrix, la fille du baron de Froges. J'étais à ses genoux, et je lui chantais une ballade qui était pleine de paroles d'amour.

» Soudain la grande salle du château s'est remplie d'hommes d'armes, et la plume rouge d'Isoard a paru au milieu d'eux, semblable à l'éclair qui annonce la foudre. Le vieux baron est tombé sous ses coups ; deux fois son épée s'est rougie de son sang. J'ai défié le déloyal, mais je n'avais que ma bonne viennoise et je ne portais point d'armure.

» Les hommes d'armes se sont jetés sur moi qui vous parle ; mon seigneur, ils m'ont lié comme un larron et un traître avec des cordes de chanvre ; ils ont emmené Béatrix évanouie, et j'ai vu Isoard qui la couvrait de ses affreux baisers. On m'a plongé dans un noir cachot : et pendant la nuit Isoard est venu me visiter.

» Il m'a dit : Beau dameret, si tu crois en Dieu, recommande-lui ton ame sans courage ; Béatrix est ma fiancée, je veux que ton sang remplisse notre coupe nuptiale, et il m'a plongé son poignard dans le sein. Voyez, beau sire, ma blessure encore ouverte. » Ce chevalier découvrit sa poitrine déchirée par le poignard.

Il continua : « Au point du jour je suis revenu à moi; j'étais couché sur la colline verdoyante où s'élève le manoir d'Isoard au sanglant panache. Une grande ombre blanche était penchée sur moi, et quand j'ai ouvert les yeux elle s'est enfuie et a disparu sous les noirs sapins de la Combe. »

Alors Guigues Aleman quitta sa longue robe fourrée d'hermine et son chaperon violet orné de belles plumes de héron; il revêtit son armure brillante et prit deux cents hommes d'armes du dauphin. Il envoya un héraut à Pierre de Chanel, châtelain d'Allevard, et le chevalier au pâle visage marchait à ses côtés sur un destrier plus blanc que la neige, dont le pas léger ne résonnait pas sur les pierres du chemin.

Le premier jour de novembre va finir, un nuage grisâtre enveloppe les tours d'Isoard, et un brouillard épais s'étend sur la Combe. Les échos reproduisent les sons des cloches qui annoncent la veille des morts ; les soldats du dauphin se rangent en silence avec ceux de Pierre de Chanel, non loin du château aux créneaux sombres.

La sentinelle ne fait entendre aucun cri d'alarme ; des chants joyeux, mêlés au bruit des instrumens, semblent sortir du manoir, et mille flambeaux de cire éclairent ses salles. « — Restons sur la colline, dit le chevalier ; le brouillard humide nous cache aux yeux vigilans d'Isoard, il vient d'inviter les morts à son festin ; j'y serai à l'heure de minuit, restons sur la colline. »

Guigues Aleman et Pierre de Chanel cherchent en vain le chevalier, il n'est plus auprès d'eux ; il s'est évanoui comme une légère vapeur, et son blanc coursier n'a laissé aucune trace après lui. C'est la fête des saints : que Dieu fasse paix, même aux méchans; quand l'heure de minuit sonnera, on chargera Isoard de chaînes d'argent, à cause qu'il est chevalier. Ainsi disent les nobles hommes sur la colline verdoyante.

Isoard au panache rouge se promène orgueilleusement au milieu de ses hommes d'armes. Ils boivent à longs traits le vin du baron, et ils dansent à moitié ivres, car ils ont pris deux pauvres jongleurs sur la route, ils les font jouer de leur vielles, et de temps en temps ils les frappent rudement avec le fourreau de leurs sabres.

Un seul de ces soldats grossiers demeure silencieux dans un coin de la salle; Isoard s'approche de lui : « — Que fais-tu, vieux pêcheur, dans la salle de mon château ? Pourquoi ne prends-tu point part à notre joyeuse orgie; tu es un ermite des grands chemins, et le son de la vielle et des verres ne peut te réveiller ? »

» — Maître, dit le soldat, aussi vrai que Satan est votre chef et le mien, nous ferions mieux de prier à deux genoux, car c'est ce soir la veille des morts, et la cloche des églises et des prieurés retentit dans les échos de la Combe ; ses sons frémissent dans le feuillage des sapins, je ne sais quel murmure menaçant le vent de la colline apporte à mon oreille, et mon cœur n'est pas tranquille.

» C'est la coutume de nos pères, maître, de préparer à pareil nuit un festin pour les morts ; il est servi à cette heure sur la table des plus pauvres chaumières. — Merci, Bertrand, merci vieux pécheur, dit le baron en poussant un éclat de rire infernal, crois-tu donc que les morts reviennent !

» Tiens, prends ce flambeau de cire, et descends dans le cachot de ma tour seigneuriale, tu verras si le jeune Raymond n'y dort pas d'un profond sommeil. Obéis, te dis-je, ou mon poignard va t'envoyer promptement lui tenir longue compagnie. » Le soldat prit le flambeau de cire et descendit dans le cachot pour obéir à son cruel seigneur.

» — Eh ! bien, joyeux Bertrand, toi qui as tué le riche prieur de Domène, et qui m'as aidé à délivrer de cette vie Hugonette, ma première et triste épouse. As-tu peur ? tous les poils de ta barbe sont hérissés, et ton visage est pâle comme celui du vieux baron dont le sang coula hier sous mon épée. Que t'a dit le jeune Raymond ? Parleras-tu ?

» — Maître, je vous le jure par l'enfer où nous irons, le jeune Raymond n'est plus dans son cachot; je n'ai trouvé que ses liens et sa robe de damoiseau, toute sanglante, j'ai dit. — Eh ! bien je lui pardonne s'il revient, entends-tu, vieux poltron ? car jamais coup de poignard ne fut porté d'une main plus sûre.

» Mais, par mon panache rouge ! tu

m'as donné une bonne idée, il faut être pieux envers les morts. Holà ! mon maître-d'hôtel, mon sommelier, écoutez bien mes ordres et n'y manquez pas, si vous tenez un peu à la liqueur grossière qui coule dans vos veines.

» Dressez une table dans la plus riche salle de ce noble manoir.

» Vous mettrez un couvert pour mon seigneur et père, sur qui depuis cinq ans les moines ont chanté le *requiem*. Qu'il y en ait un pour Hugonette, votre ancienne maîtresse, et ne manquez pas aussi d'y faire une place au vieux baron de Froges, et une pour Raymond aux douces paroles.

» Je veux aussi que Béatrix, ma nouvelle fiancée, y paraisse avec sa blanche robe de noces, et vous servirez devant nous ma grande coupe d'argent, elle est pleine d'un vin nuptial qui réjouira ses lèvres. Quant à vous, mes loyaux compagnons, vous occu-

perez le reste de la salle, et nous nous
réjouirons pour plaire aux morts, suivant la coutume de nos pères. »

Le baron a été obéi, on a dressé une
table dans la plus riche salle de son
manoir. L'heure de minuit retentit
dans les longs corridors, et frémit
dans les sombres créneaux ; un sourd
mugissement s'élève de la colline, et
s'unit un moment aux vibrations de
l'airain. Le vent fait vaciller la flamme
légère des flambeaux, et agite le long
panache rouge qui brille sur le heaume
d'Isoard.

« — Holà ! dit le baron d'une voix
retentissante, holà ! Bertrand, Guiffrey,
Lanfroy, vous tous mes braves, levez-
vous ! voici l'heure du festin, suivez votre
seigneur. » Mais aucun ne répond,
ils paraissent plongés dans un profond
sommeil, et c'est en vain que le baron
les frappe de son gantelet de fer et
qu'il les appelle tous par leur nom.

Il saisit un flambeau et marche rapidement vers la chambre dorée où il a enfermé Béatrix. «—Venez, ma jeune fiancée, venez vous asseoir à mon banquet. Otez ce long voile qui me cache vos attraits ; pourquoi des roses ne retiennent-elles pas vos beaux cheveux blonds ! Que votre taille est gracieuse ! que vos regards sont doux, ma belle fiancée. »

Béatrix suivit en silence le sacrilége Isoard ; elle était pâle et blanche comme ses vêtemens de lin, aucun murmure ne froissa ses lèvres immobiles ; et une seule larme ne tomba pas de ses yeux éteints. Le festin était servi, et Isoard fit asseoir sa fiancée auprès de lui. Alors il voulut prendre sa main et chercha vainement un sourire sur sa bouche, ce fut un profond soupir qui s'exhala de son cœur.

« — Comme vos mains sont froides, ma fiancée, votre visage ressemble au marbre de la chapelle de mon château; on dirait que la vie a cessé de briller dans vos yeux bleus. Cependant les morts ne marchent point, et vous m'a-vez suivi à mon banquet; tenez, ce breuvage va vous ranimer. » Et il prend d'une main ferme la coupe d'argent, toute pleine du sang de Raymond.....

Aussitôt un coup violent ébranla la porte de la salle, elle roula d'elle-même sur ses gonds. C'était une femme, qui s'avança près de la table du festin; elle était grande, sa démarche était noble et fière, son visage avait la cou-leur des feuilles que le vent d'automne arrache aux arbres; son vêtement était un linceul tout sanglant, et quand elle marchait ses os bruissaient en se cho-quant.

« — Par l'enfer ! n'est-ce pas Hu-gonette qui est sortie du tombeau où elle repose sous une large pierre scel-lée de mes armes ! Vient-elle au ban-

quet de mes secondes noces ? Eh ! bien ,
mes nobles épouses , regardez-vous et
souriez toutes deux à votre seigneur. »
Ainsi parla le baron , mais la coupe sanglante tremblait dans sa main , ses dents
claquaient avec force , il était pâle , et
ses cheveux se dressaient sur sa tête.

« — Voici encore de nouveaux convives, » murmure Isoard. Il veut se lever
de son siége à clous dorés , mais il y
semble retenu par une main de fer brûlant. Le vieux baron passa alors sous
la porte de la salle, et il vint prendre
place à côté de sa fille Béatrix. Il était
tombé sous l'épée d'Isoard , Béatrix
était morte de ses horribles caresses.

Soudain un chevalier monté sur un
blanc destrier entre aussi dans la salle
du festin, et Isoard reconnaît Raymond,
le cadet de Revel, qu'il avait frappé de
son poignard. « — C'est toi, beau dameret, dit-il avec fureur, es-tu encore
de ce monde ? Et cependant c'est ton

sang qui est dans cette coupe, rival abhorré.

» A moi, tous mes braves, venez sauver votre seigneur. — Isoard au panache sanglant, repens-toi, dit le chevalier, d'une voix sépulcrale, tu vois que les morts ont brisé leurs linceuls pour assister à ton festin, suis-moi, de la part de Dieu. — Que ce soit Satan qui m'accompagne; tiens, Raymond, je bois ceci pour te défier au combat. »

Il porta à ses lèvres la coupe sanglante, mais aussitôt un grand bruit se fit entendre, et Isoard au panache rouge tomba frappé de mort. Les soldats du dauphin pénétrèrent dans le manoir, et ils trouvèrent le baron seul et privé de la vie, dans la salle de ses festins. Son visage était noir, et on aurait dit qu'un fer brûlant l'avait couvert de cicatrices.

Le grand bailli de Dauphiné ordonna

de passer à son col un lien de chanvre, et il le fit suspendre à la cime d'un sapin, sur la colline brumeuse de Lancey; les corbeaux et les vautours dévorans se nourrirent de sa chair et dispersèrent ses ossemens sur les montagnes voisines.

Béatrix fut trouvée morte sur la couche où l'affreux Isoard l'avait déposée la veille. Raymond dormait d'un sommeil éternel dans le cachot de la tour seigneuriale, et le vieux baron, percé de coups, fut enseveli par ses serviteurs.

Voici quel fut le festin des morts et comment fut puni Isoard au sanglant panache; or maintenant, bonnes gens, qui craignez Dieu et ses saints, suivez les coutumes de vos pères et honorez leurs cercueils couverts de terre. Les spectres, qui se montrent aux méchans pendant la sombre nuit, ce sont les remords qui les déchirent.

En achevant cette effrayante histoire, la vieille Benoîte, dont le débit avait été vif et animé, reporta ses regards sur M. Henri qui éprouvait un trouble inexprimable.

« — Où demeurez-vous, bonne femme? lui dit-il, où demeurez-vous? il faut que je vous voie en particulier, il faut que vous me disiez qui a pu vous apprendre....

» — Ne révélez donc point ce que vous voulez cacher, s'écria la vieille en souriant avec malignité. La demeure d'une pauvre femme comme moi n'est pas faite pour recevoir un riche étranger, et d'ailleurs le monde est assez grand pour se cacher à tous les yeux ou pour se rencontrer. Nous nous reverrons plus tôt que vous ne pensez.

» — Cela est inconcevable, dit M. Henri à Jacques Morel.

» — Et fussiez-vous à minuit sur la

cime du col de l'Évêque, ajouta tout bas un des assistans; par Satan! son digne ami, elle est femme à vous y trouver. »

Dans ce moment, plusieurs coups de feu retentirent à la porte de la ferme, et aussitôt toutes les jeunes filles se levèrent. Dans les campagnes qui avoisinent la capitale du Dauphiné, les jeunes garçons qui recherchent des filles d'un pays voisin, ont l'habitude d'annoncer ainsi leur arrivée. Ce fut ce que Jacques Morel s'empressa d'apprendre à M. Henri qui ne savait à quoi attribuer ce bruit inattendu....

Rambaud alla lui-même ouvrir la porte, sans doute pour faire honneur à ces nouveaux hôtes. On vit aussitôt entrer trois ou quatre montagnards, le fusil sur l'épaule. Le plus grand et le plus remarquable de tous était Étienne Maillard qui, après avoir serré brusquement la main de Rambaud et celle de son père, salua l'étranger avec respect.

« — Oh ! oh ! dit-il, en apercevant Benoîte, vous voilà donc encore, vieille fée, que venez-vous conter à nos fiancées ?

» — Tu devrais, répondit - elle, respecter la maison où tu te trouves et les personnes devant qui tu parles, Étienne ; mais tu es brutal et farouche comme les ours que tu chasses quelquefois.

» — Merci, la mère du diable, vous êtes dans un accès de bonne humeur, je le vois bien. On a dit aujourd'hui dans le pays que vous aviez enterré votre chèvre, ni plus ni moins que si la pauvre bête eût reçu le baptême, comme un honnête chrétien, il n'est pas étonnant que vous preniez les bons vivans pour des ours.

» — Ecoute, Étienne Maillard, si l'on pendait encore, et c'était une bonne coutume de nos pères, je te conseillerais de prendre garde à ton cou, et de ne jamais semer de chanvre dans ton champ; mais fais bien attention à ceci : je t'engage à ne plus charger un fusil comme celui que tu portes sur ton épaule, et comme dit le proverbe, à bon entendeur salut. Adieu, mes enfans, l'orage a cessé et je retourne au bourg.

» — Mais il est tard, bonne mère, dit Rambaud; voulez-vous qu'on vous accompagne ou qu'on vous dresse un lit ici?

» — Non, répondit la vieille, la maison de ton père est une maison honnête et hospitalière, Rambaud, je te pardonne le mal que tu m'as fait aujourd'hui, tu seras heureux en ménage. Quant à vous, Jacques Morel, ma petite Nanette sera pour votre vie un rayon de miel; mais prenez garde aux guêpes et aux frelons. Tu as bien retenu ce que je t'ai dit, Étienne Maillard, je te le rappelle encore, quoique tu ne mérites guère une ou deux bonnes paroles. »

A ces mots, la vieille femme fit une profonde révérence à M. Henri, passa fièrement devant les paysans qui la regardaient et l'écoutaient avec étonnement, et elle sortit de la ferme.

« — Tu devrais, Etienne, mon brave ami, dit Rambaud, avoir plus de respect pour sa vieillesse et ne pas la mettre si fort en colère contre toi.

» — Je ne me soucie guère de ses prédictions, répondit celui-ci ; je crois que c'est elle qui a jeté un sort à mes vaches, mon voisin, c'est une chose dont cette sorcière est bien capable. Du diable ! si je ne crois pas toujours qu'elle va s'enfuir par le tuyau de la cheminée ; mais regarde derrière la porte si ton balai a encore son manche, car c'est sa monture ordinaire. »

Tout le monde rit aux éclats, et chacun des nouveaux arrivés et des habitués de la ferme, prenant sa maîtresse ou sa sœur sous son bras, on se sépara. On entendit encore quelques coups de fusil dans les environs et bientôt tout rentra dans le silence.

Le mauvais temps, qui s'était apaisé pendant la nuit, recommença dès le lendemain matin et ne cessa point pendant la journée. M. Henri ne put retourner à Allevard, Jacques Morel et les habitans de la ferme mirent en usage tout le luxe de la montagne, pour fêter dignement leur hôte qui parut vivement touché de leurs soins hospitaliers. Il eut dans la journée une longue conversation avec le père de Rambaud, au sujet de Benoîte. Celui-ci lui apprit que dans sa jeunesse cette femme avait beaucoup fait parler d'elle, elle était d'une beauté ravissante, et il avait des raisons pour croire que le père Augustin l'avait aimée, avant qu'il se fût voué à la profession de chartreux. Benoîte ne le paya point de retour, elle avait donné son cœur à un jeune homme de son rang qui mourut malheureusement en coupant des sapins sur la montagne du Pinsot. Benoîte le pleura long-temps et ne voulut point prendre d'époux, elle visitait souvent le lieu où son amant avait péri, c'est ce qui fit tenir sur son compte les propos que M. Henri avait entendus. Au reste, son caractère aigri par la douleur, et la solitude dans laquelle elle avait toujours vécu donnaient malheureusement prise à la médisance, quoiqu'on ne pût citer d'elle aucune action répréhensible. Ce fut tout ce que M. Henri put apprendre sur l'existence de cette femme. Le soir, la ferme ne fut troublée par aucune visite, et Jacques Morel raconta à M. Henri la suite de l'histoire du sire de Crouy, à laquelle il paraissait vivement s'intéresser.

DEUXIÈME RÉCIT.

LES VAVASSOURS (1).

> Vostre rigueur veult doncques que je meure,
> Puis que pitié vostre cueur ne remord :
> Si n'aurez vous, de ce je vous asseure,
> Loz ni honneur de si cruelle mort.
>
> CHANSON DE MAROT.

> Tantôt il descend au fond des précipices, du sommet desquels se penchent de vieux pins ; tantôt il gravit des cimes escarpées où le torrent brille de rochers en rochers, où les eaux, les vents, les forêts forment un concert immense que l'écho grossit et porte jusqu'aux cieux.
>
> LE MINSTREL DE BEATTIE.

LES ombres de la nuit commencent à se dissiper, les premiers feux de

______

(1) Les *vavassaux* étaient, sous le régime féodal, des arrière-vassaux. En Dauphiné on appelait *vavassours* une classe d'hommes libres

l'aurore éclairent le sommet des montagnes, mais quelques étoiles brillent

---

qui, sans exercer aucune juridiction en raison
des fiefs qu'ils possédaient allodialement, étaient
regardés comme nobles : on les voit figurer, dans
les anciens états de Dauphiné, après l'ordre de
la noblesse et celui du clergé. Si l'on voulait
trouver une comparaison chez un autre peuple
pour se faire une idée de la position sociale des
vavassours, ce serait en Angleterre qu'il fau-
drait l'aller chercher ; les *Francklins* étaient
précisément, dans ce pays, ce que les vavassours étaient en Dauphiné.

En 1388, les états de Dauphiné votèrent des
subsides pour l'entretien d'une armée, afin de
mettre le pays à couvert de l'invasion des An-
glais. Charles III (depuis roi de France, sous le
nom de Charles VII) était obéi comme souverain en Dauphiné; tandis que Paris et la plus
grande partie de la France subissaient le joug
étranger, ce fut en son nom que les états s'as-
semblèrent. Nous croyons faire plaisir à nos
lecteurs en rapportant ici le dernier paragraphe
de la décision que prit à cet égard cette assemblée : « Item, que ladite prouvision, ordon-

toujours dans le ciel, et la clarté re-
naissante du matin est pâle et douteuse.

» nance et despenze pour la défense dessusditte,
» font et entendent à faire les dessusdis prelas
» et autres gens d'église, bannerez et *autres*
» *noblez*, communes et populars, tant ceulx
» qui tiennent en fief comme en riere-fief de
» monsieur le Dalphin, comme ceulx qui riens
» n'en tiennent en fief, en riere-fief, et touts
» autres à ce contribuent de leur franche et
» pure voulente pour la thuition, deffense et
» necessité dudit pays, tant seulement en cas
» dessusdis, et pour cette seule fois ; en pro-
» testant en tant comme il touche les subgiez
» de monsieur le Dalphin, qu'il ne soit préju-
» dice ne puisse estre, qu'il ne derogue ne
» puisse deroguer à leurs libertez et franchises,
» tant universaulz par tout le Dalphiné comme
» particuliers, et aussi iceulz subgiez et comme
» tous les autres non subgiez, comme dit est,
» ne puisse estre ou temps avenir ne doye
» est retrait à aucune conséquence. » Ce noble
langage est oublié aujourd'hui que nous nous
vantons de nos lumières et de nos prétendues
libertés !

Le laboureur repose encore ses membres fatigués, la brise légère qui sort de la forêt comme une voix douce et harmonieuse, interrompt seule le silence monotone qui règne dans la vallée d'Allevard. C'est à cette heure qu'un jeune homme la traverse d'un pas rapide et agité. Il s'arrête souvent, et alors sa main cherche en frémissant la

---

Ce sont les vavassours qui sont compris dans ces mots *et autres noblez ;* en voici la preuve qu'on trouve à la suite de cet acte national au Dauphiné : *Noms de ceulz qui orront les comptes.* « Des Bannerez, MM. Charles de Poitiers et le » sire de Tullins, ou les substituez par culz. » Des Prelas, M. de Vienne et le Commandeur de Saint-Pol, ou leurs substituez. Des » Vavassours, MM. Jean Gastèble et MM. Didier de Brève, ou leurs députez. Des Communes, Pierre Rolant, Antoine Blanc, ou » leurs deputez. » (Valbonais, tome 1, *Preuves de l'histoire de Dauphiné*, page 218.

On voit que les vavassours tenaient un rang mixte entre la haute noblesse et les communes,

poignée de son sabre ; ses yeux paraissent animés par la colère , ses dents
se serrent avec effort, et des paroles
qui ressemblent au bruit éloigné du
torrent sortent avec peine de sa bouche.
Il s'arrête enfin près d'une source limpide qu'ombrage le feuillage d'un vieux
saule ; il s'assied sur une de ces pierres
que les bergers placent auprès des fon-
taines pour y venir prendre quelquefois
leur frugal repas. Le jeune homme jette
à côté de lui son bonnet surmonté d'une
branche de chêne ; il penche sa tête sur
la source , ses longs cheveux blonds se
déroulent dans l'eau qui se couvre d'une
légère teinte pourpre.

« — C'est bien du sang, dit-il, oui,
c'est du sang généreux qui coule
pour une ingrate. Qui l'eût dit que le
fils de mon père serait un jour le jouet
d'une jeune fille ! et sa voix est plus douce
que le murmure des eaux du Ber quand
la surface du lac est immobile comme

le ciel bleu du printemps! La vision ne m'a point trompé ; par la branche de chêne que je porte, j'ai reconnu Roland Amblard quand mon sabre a eu fait connaissance avec ses côtes de réprouvé. Mais LUI, ajouta le jeune homme en soupirant, lui qui est venu si à propos au secours de son homme d'armes, que faisait-il dans ce lieu plus propre à une réunion de fées qui dansent sur la pointe des genêts, qu'à un combat singulier! Lui n'a-t-il pas une épouse! Cependant je lui dois la vie, et je tiendrai le serment que je lui ai fait; jamais Ennemond Paturel n'a faussé sa foi, aussi vrai qu'il est vassal du noble baron de Monteynard. »

En disant ces mots, le jeune homme lavait une blessure légère qu'il avait reçue au front, et il éloignait de la plaie ses beaux cheveux que le sang avait inondés. Alors il se leva et demeura un instant pensif en fixant ses regards sur la fontaine.«—Plus d'une jeune fille de la vallée, dit-il, a souvent passé ses jolis doigts dans ma chevelure; faudra-t-il maintenant la couper pour que je sacrifie ma vie à chanter des psaumes avec les moines de Saint-Hugon ou de Saint-Bruno? Ces mains sont plus faites pour manier un sabre qu'un rosaire; mais par sainte Marie! je ne puis aimer qu'Ermia; et si je ne suis pas à elle, je ne serai certainement à aucune autre. Ermia!..... je l'aimais tant! elle a fui comme une biche légère et je n'ai pu la retrouver. Allons! retournons à la tour du Ber; il est possible qu'une fée ait pris pour me tromper le visage de ma bien-aimée. » Ici quelques larmes coulèrent de ses yeux, mais la dernière supposition qu'il venait de faire sembla lui rendre l'espérance, et aussitôt quittant la route qu'il avait suivie, il prit un sentier à sa droite qui conduisait dans les montagnes du Pinsot. Il courait

avec la rapidité du chamois, abandonnant souvent le chemin frayé; il sautait
avec une étonnante agilité au travers
des rochers et des précipices comme
un homme habitué à n'être point ar-
rêté par de semblables obstacles.

Entre le hameau de Saint-Pierre-
d'Allevard et celui de Pinsot, est une
haute montagne dont le sommet large et
aplati ressemble à une plaine au milieu
de laquelle est un lac de forme circulaire. Son trop plein s'échappant parmi
les rochers, va grossir les flots du Bréda,
de l'autre côté de la montagne. Ce site
pittoresque et solitaire était autrefois
animé par une vaste métairie bâtie sur
les bords du lac; on l'appelait le fief
du Ber. Ce nom celtique dont l'étymologie serait difficile à trouver, est de-
meuré à cette belle nappe d'eau. Les
hauts sapins et les mélèzes qui croissent
en foule sur ses bords, projettent leur
ombre, aux approches du soir, dans ses

flots tranquilles , et l'on croirait de loin
que le lac a envahi une forêt qui a
conservé ses arbres et sa verdure. Sur
un immense mamelon de pierre grisâtre, d'espèce granitique, qui s'avance
dans les eaux et rompt l'uniformité de
ce bassin , s'élevait jadis une tour
carrée et crénelée , qui dépendait de la
métairie. C'était là qu'habitait le propriétaire du fief; quoiqu'il cultivât lui-
même ses terres , il était fier de sa naissance , dont la tradition mystérieuse
s'était conservée parmi les habitans des
châtellenies voisines. On l'appelait com-
munément Alleman du Ber , et plus
souvent le chevalier du Lac , nom qui
avait été donné à un de ses ancêtres et
qui s'était conservé dans sa famille.
Voici ce qu'on racontait dans les villages au sujet de son origine :

Du temps des Sarrasins , c'est-à-dire
à l'époque où les Maurès , chassés de
France par Charles Martel , cherchè-

rent un refuge dans les montagnes du Dauphiné, un de leurs chefs parvint sur les bords du lac. Cet endroit lui plut, et bientôt on put voir une tour formidable s'élever comme par en-chantement sur le rocher où elle existe encore. Qui pouvait avoir aidé cet infidèle à bâtir ce monument dans un lieu habité de temps immémorial par une fée, qu'on avait vu souvent aux approches du soir, glissant légèrement sur la surface de l'eau, enveloppée dans une robe bleue, semée d'étoiles d'argent? On l'ignorait, mais on pensait que la fée elle-même était devenue amoureuse du Maure, et que c'était par son pouvir magique que la tour avait été construite. Cet étranger, en se faisant chrétien, favorisa l'évêque Isarn et l'aida à chasser les infidèles de Grenoble et de tout le pays. On ne le connaissait que sous le nom de chevalier du Lac, et dès cette époque le posses-

seur du fief s'était toujours appelé ainsi.
On avait vu depuis une jeune femme,
exactement vêtue comme la tradition
peignait la fée. Elle apparaissait ordinairement quand la mort allait frapper
un habitant de la tour. Alors on enten-
dait sur le lac une voix plaintive, qui
semblait déplorer ce malheur prochain.
Cependant la fée n'était visible que
pour un membre de la famille qu'elle
protégeait ; quelques personnes pré-
tendaient seulement avoir aperçu à
certaines époques, sur les créneaux de
la vieille tour, une flamme bleuâtre
qui avait la forme d'une étoile : on l'appelait la dame du Ber, ou la fée aux
blanches mains, car on avait remarqué
l'éblouissante blancheur de cette partie
de son corps.

Il y avait une chose bien singulière
dans l'histoire de cette famille, c'est
que jamais il n'y naissait de fille, et
qu'elle n'avait eu de tout temps qu'un

seul héritier. Une ancienne prophétie annonçait que les habitans du Lac finiraient vers le temps où la famille posséderait une vierge, et où un chêne paraîtrait sur les bords du lac.

L'hospitalité d'Alleman du Ber avait depuis long-temps fait oublier à ses voisins la crainte qu'ils éprouvaient en traversant la plaine, et la répugnance qu'on montrait à s'arrêter dans des murs bâtis par les fées. Une belle ferme qui abritait trois familles nombreuses, s'élevait alors à cent pas de la tour; les terres étaient cultivées et de riches troupeaux couvraient la plaine et les collines qui la bordaient.

C'est vers cet endroit que se dirigea le jeune homme blessé. Le soleil se levait, et ses premiers rayons se réfléchissaient dans les eaux tranquilles du lac. Une légère vapeur blanche cachait encore au loin les murs de la tour; craignant de troubler le repos des habitans, il s'arrêta et admirait en soupirant le spectacle magnifique qui se déployait à ses yeux. Tout-à-coup un cri douloureux, qui semblait sortir de l'eau, frappa son oreille et le tira de sa rêverie. « — Est-ce toi, vision importune, s'écria-t-il, es-tu la dame du Ber, où habites-tu les vieux créneaux du château des Adrets ? Que veux-tu d'Ennemond ? Parle, ne lui as-tu pas fait assez de mal ? Si tu es un esprit malfaisant, sois maudit, au nom de Dieu et de la bonne Sainte-Vierge ! Si tu es au contraire un ame souffrante, il y a encore quelques florins qui dansent au fond de ma bourse comme des sorciers qui attendent leur père le diable, je les emploierai à faire dire des messes pour ta délivrance. » Un nouveau gémissement se fit entendre ; le jeune homme pencha sa tête sur le lac comme pour y chercher l'être mystérieux qui le poursuivait. Ce mouvement détacha de son chaperon la branche de chêne qu'il portait; elle tomba dans le lac, et aussitôt l'eau sembla agitée par une commotion violente, les vagues irritées s'élevèrent au-dessus du rivage, et quand malgré ce phénomène singulier, l'intrépide jeune homme étendit le bras pour ressaisir la marque distinctive de la famille qu'il paraissait servir, il fut violemment repoussé par une force supérieure, et tomba tout froissé à quelques pas du bord. Au même moment les échos répétèrent plusieurs fois le son sauvage d'un cornet dont se servent encore les bergers pour rassembler leurs troupeaux.

Ennemond se releva avec colère en portant, par une espèce d'habitude, la main sur son sabre; mais il fut encore plus surpris en voyant à ses pieds son chaperon orné de la branche de chêne... Il resta dans la position d'un homme qui se met en défense; son œil d'aigle était plein de feu et son visage rouge de fureur, lorsque quelqu'un lui frappa familièrement sur l'épaule ; il se retourna brusquement.

« — Ah ! dit-il, est-ce toi, Quentin, qui t'amuses à renverser les gens qui ne s'y attendent pas ?

» — Qui t'a renversé ? dit le nouveau venu ; je t'ai trouvé en garde comme si ton sabre s'ennuyait dans le fourreau. Allons, mon beau paladin des Adrets, je t'attends depuis le point du jour; de par tous les saints! à ta place, je n'aurais pas voulu m'arrêter dans cet endroit où mon brave père a vu l'esprit le jour de ma naissance.

» — Cessons ces plaisanteries, elles ne sont pas de saison ; aussi vrai que tu t'appelles Quentin du Ber, et que nos mères ont sucé le même lait, quelqu'un vient de me pousser rudement et de me renverser sur ces pierres; il n'y a qu'un instant.

» — Il est possible que tu dises vrai, Ennemond; mais je n'ai vu personne s'enfuir, et, par la dame aux blanches mains! ce n'est certainement pas moi qui prends les gens en traître : celui qui le soutiendrait, fût-il mon ami, verrait bientôt briller la lame de mon sabre.

» — Et quand je dis une chose, je la prouve toujours, » répliqua Ennemond en se mettant en défense. A peine les deux amis avaient-ils croisé le fer, qu'un cri douloureux et perçant se fit entendre, et au même instant tous deux furent renversés sur le gazon. Quentin fut le premier qui se releva : « — Beau cousin, dit-il en tendant la main à Ennemond, j'avais tort et j'en suis puni; allons, lève-toi. Mais, ajouta-t-il, ceci n'est pas naturel; du diable! si je ne crois pas maintenant à la fée que mon père a vue.

» — Par la mort! cousin Quentin,

s'écria Ennemond, si la fée maudite a les mains blanches, je jure qu'elles sont aussi fortes que celles de deux hommes d'armes. » A ces mots, il ramassa son bonnet, et les deux jeunes gens s'embrassèrent cordialement.

« — Mais que vois-je? reprit Quentin, tu es blessé; par saint Hugon! mon cousin s'est battu cette nuit.

» — Éloignons-nous , dit Ennemond avec tristesse, ce n'est pas ce lieu que je choisirai pour te faire des confidences. »

Ces deux jeunes gens, qui venaient de tirer le sabre pour un mot qui n'avait rien d'insultant, s'aimaient beaucoup dès l'enfance. Ennemond Paturel était allié à la famille du Ber , par Guigone sa tante; il était fils d'un riche vavassour de la baronie des Adrets , et, suivant l'usage de ce temps , il était poursuivant d'armes dans la noble et puissante maison de Monteynard , qui

possédait cette châtellenie. Ils marchè-
rent quelques instans silencieux et tris-
tes, mais la gaîté du jeune Quentin ne
put résister plus long-temps.

« — Beau cousin, dit-il, nous sommes loin de la fée maintenant; puisse
Lucifer son seigneur et maître l'emporter une bonne fois, quoiqu'elle soit
ma très-honorée grand'mère, s'il faut
en croire les contes du foyer. Que t'est-
il arrivé cette nuit? tu es pâle dans ce
moment comme un moine de Saint-
Hugon; mais je sais ton secret.

» — Tu le sais, Quentin, répondit
son compagnon avec un sourire amer,
pourquoi t'étonner alors de ma tristesse?

» — Je n'en vois guère les motifs,
reprit le joyeux Quentin; tu penses encore au camouflet de la dame aux blanches mains, mais n'ai-je pas comme
toi reçu une preuve de sa courtoisie?
C'est la première fois qu'elle s'avise de

faire vider les arçons à un noble chevalier du Lac. Avoue, Ennemond, que
ma sœur Ermia t'apparaît bien souvent
dans tes songes. Tu rougis maintenant;
vas-tu tirer encore ton sabre pour le
croiser avec celui d'un ami? »

Ennemond lui tendit la main et serra
la sienne affectueusement. « — Oui,
dit-il, mon ami, si je puis encore en
avoir! et dis-moi, Quentin, ajouta-t-
il avec hésitation, as-tu vu Ermia ce
matin?

» — Oui, répondit celui-ci, elle était
debout avant que le coq eût chanté,
avant que les étoiles eussent pâli et que
le brouillard se fût dissipé.

» — Et tu en es sûr, bien sûr, Quentin, reprit Ennemond avec chaleur;
elle n'est pas sortie.... cette nuit.... elle
est restée à la tour?

» — Ah! ah! ah! s'écria Quentin
en éclatant de rire, si tu n'étais mon
beau cousin, je croirais que tu as des-

sein d'outrager l'honneur de ma sœur, la perle du lac, le seul cotillon qu'on ait jamais vu dans ma famille. Je vois que tu as rêvé, cousin, à ma jolie damoiselle de la tour du Ber; vraiment, tu es bien heureux. Je te dirai, entre nous, que ce matin elle paraissait aussi triste, aussi fatiguée que tu l'es maintenant. Je gagerais bien le seul florin que je possède, qu'elle a aussi rêvé à toi, beau coq de bruyère, vaillant page de Monteynard.

» — Écoute, cousin, dit Ennemond, comme s'il eût voulu faire un aveu pénible, ta sœur est froide pour moi comme l'eau du lac, apprends..... » Il s'arrêta tout court, et ses yeux hagards restèrent fixés sur la porte de la tour, que les deux amis pouvaient apercevoir, car ils venaient d'entrer dans l'enclos que formaient les métairies du fief du Ber.

« — Hé bien! qu'as-tu donc? reprit

Quentin; je crains, mon beau cousin, que la fée te poursuive jusque sur les domaines de mon père.

» — Arrête, Quentin, répondit Ennemond violemment agité, arrête : ne vois-tu pas sur la porte de la tour une petite flamme bleuâtre ?

» — Je ne vois, dit celui-ci, que la flamme du foyer, devant laquelle rôtit un beau quartier de chamois, que nous allons arroser d'un pot de bon vin de la vallée. »

A ces mots, les deux jeunes gens entrèrent dans la tour. Le vavassour ne tarda pas à paraître; il répondit au salut d'Ennemond, et embrassa son fils.

« — Mon seigneur et père, dit Quentin, si c'est votre bon plaisir, nous irons voir, avec mon beau cousin de Monteynard, si le sire de Crouy ne laisse pas trop engraisser les chamois dans les combes du Pinsot.

» — C'est bien, mon joyeux fils,

répondit le père ; vous êtes deux drôles qui ne les laisserez pas mourir de vieillesse. Mais qu'a donc Ennemond ? Il me paraît plus disposé à assister à un enterrement qu'à une belle chasse.

» — J'ai passé une mauvaise nuit, mon digne oncle ; cela ne sera rien. Mais comment se porte ma tante ?

» — Et la cousine, n'est-ce pas ? répondit le vavassour. Vous allez les voir toutes deux. Sonnez un peu, Quentin, pour que ces fainéans viennent servir la table. »

Quentin se plaça sur la porte de la tour, et emboucha un petit cornet qu'il portait suspendu à sa ceinture. Aussitôt cinq ou six domestiques accoururent et s'empressèrent d'apprêter le festin du matin. Ce fut dans ce moment que la dame du lieu, ainsi que sa fille Ermia, entrèrent dans la salle. Le mouvement causé par les gens qui couvraient la table de mets et des ustensiles nécessaires à un repas ne permit pas qu'on s'aperçût de la vive émotion qu'éprouva Ennemond à l'aspect de la jeune damoiselle, qui, en le voyant, baissa timidement les yeux, sans cependant que son embarras ressemblât à autre chose qu'à la modestie naturelle à une jeune fille bien élevée. Après les premiers complimens, qu'Ennemond ne fit pas avec son assurance accoutumée, on se mit à table. Le vavassour prononça le *benedicite*, et Quentin, tirant son poignard, dépeça en peu d'instans le quartier de chamois.

Le jeune page avait été placé près d'Ermia par son ami Quentin, qui, en demandant sans cesse pardon à son seigneur et père, donna des ordres pour qu'on préparât ses chiens, s'informa de tout ce qui avait rapport à la métairie, assigna une tâche aux domestiques, apprit à son père que deux génisses étaient égarées et que six vaches allaient mettre bas, sans que pour cela il cessât de manger et de boire fréquemment.

» — Vous êtes blessé, beau cousin? dit tout bas Ermia à son voisin du ton du plus vif intérêt.

» — Oui, Ermia, je le suis; mais c'est là qu'est le mal, répondit le jeune homme en plaçant la main sur son cœur. »

Ermia ne répondit pas; mais elle jeta sur Ennemond un regard mélancolique.

« — Oh! ma belle cousine, continua-t-il, je ne sais si je suis abusé par de cruelles illusions; mais, dites-moi, où étiez-vous cette nuit?

» — Dieu! s'écria-t-elle en pâlissant, est-ce donc cette nuit même que vous avez reçu cette blessure?

» — Par sainte Marie! répondit le page en lançant sur sa maîtresse un regard courroucé, le sabre qui a fait couler mon sang a frappé trop haut.

» — Silence! Ennemond, silence! reprit Ermia avec effroi.

» — Oui, dit le page, je serai muet comme les sapins du col de l'Évêque, discret comme les rochers qui auraient dû s'écrouler sur moi. » La jeune fille était vivement émue; mais Quentin, s'apercevant que les amans n'étaient plus d'intelligence, prit le parti de rompre l'entretien qu'il avait su leur ménager.

« — Pardon, mon seigneur et père, dit-il, si je me permets de parler devant vous; mais voilà deux tourtereaux qui voudraient voler sur le même arbre, ne ferez-vous rien pour eux? »

Ennemond regarda tristement son ami, tandis qu'une grosse larme qui roulait dans les yeux d'Ermia tomba sur son charmant visage.

« — Nous y penserons aux prochaines fleurs de cerisier, répondit le vavassour; jusque-là, mon fils, ne parlez point ainsi devant votre sœur.

» — Et que disaient-ils tout bas? ma bonne mère, continua Quentin, qui feignit de n'avoir pas entendu le reproche que lui adressait son père; vous êtes près d'eux, et vous devez les entendre.

» — Il serait difficile de vous le dire, Quentin, répondit-elle; car c'est vous seul qui parlez toujours à la table de votre père.

» — Je conçois, ajouta-t-il en riant, que cela déplaise à une digne fille d'Eve, qui aime à placer son mot en passant. Ce n'est pas pour vous que je dis cela, ma bonne mère; car vous ne parlez jamais qu'à propos.

» — Et vous êtes un enfant gâté, dit le vavassour d'un ton sévère. Convient-il à un jeune homme qui n'a pas encore gagné ses éperons de parler avec tant de hardiesse et sans qu'on l'interroge?

» — Pardonnez à Quentin, mon oncle, s'écria Ennemond; vous savez bien que les chevaliers du Lac n'ont jamais passé pour des hommes timides.

» — Et c'est la vérité, reprit le père, flatté du compliment que lui adressait le jeune page; mais je veux que mon fils garde son courage pour la défense de son prince légitime. Quant à vous, beau cousin, écoutez bien : Je sais de bonne part que la bannière de Saint-George ne tardera pas à sortir de l'abbaye de Saint-André ; vous suivrez sans doute votre noble maître, et, à votre retour, nous parlerons d'affaires.

» — Avec votre permission, mon seigneur et père, dit le malicieux Quentin, oserais-je vous demander si le jeune dauphin se décidera bientôt à faire cette bonne action? Car si par hasard la paix se signait entre Édouard de Savoie et notre souverain bien-aimé, il n'est pas certain que ma sœur Ermia chantât Noël pour une nouvelle semblable.

» — Mon frère, répondit Ermia avec une fermeté qui prenait peut-être sa source dans l'embarras de sa situation, votre sœur s'en rapporte à son père pour tout ce qui doit tendre à son bonheur, et c'est à lui seul qu'elle ouvrirait son cœur si jamais ses sentimens pouvaient n'être pas d'accord avec sa volonté.

» — C'est bien répondre, ma noble sœur ; continua Quentin ; mais, ma fière reine du Lac, êtes-vous, pendant la nuit, aussi insensible que vous paraissez l'être pendant le jour?

»—Mon frère! s'écria Ermia en jetant des regards égarés sur lui et sur Ennemond, mon frère ! que dites-vous?» Une pâleur mortelle couvrit son front, et elle tomba dans les bras de son

amant comme une jeune fleur que vient
d'atteindre la faux du moissonneur.

» — Au nom du ciel! Quentin, qu'as-
tu fait? dit Ennemond.

» — Ma fille! » s'écrièrent à la fois le
vavassour et son épouse.

On s'empressa autour de la jeune fille;
elle ne reprit ses sens que quand le vigoureux Ennemond l'eut transportée
dans son appartement, accompagné de
ses parens. Celui-ci remarqua avec
douleur que cet appartement était au
rez-de-chaussée, et qu'une large fe-
nêtre, à hauteur d'appui, s'ouvrait sur
le lac; il jeta dehors un regard déchi-
rant, et aperçut une petite barque
amarrée au pied du rocher, dans lequel
on avait taillé quelques marches qui en
rendaient la descente plus facile.

Tandis que dans un coin de l'appartement le vavassour et sa dame re-
prochaient à Quentin sa légèreté, et
que celui-ci recevait cette mercuriale

la tête baissée, Ennemond s'approcha du lit sur lequel on avait placé Ermia. La jeune fille leva les yeux sur lui ; ils étaient languissans et pleins de larmes, et semblaient implorer la pitié du page.

« — Il est donc vrai, damoiselle, lui dit-il d'une voix sombre, il est donc vrai que vous ne m'aimez pas ? Il est donc vrai que cette nuit... Dieu du ciel ! » Et il s'arrêta comme un homme qui veut éloigner une idée pénible.

« — Ennemond, répondit-elle avec douleur, Ennemond, ne me jugez pas sans m'entendre.... Un mystère inconcevable....

» — Oh ! parlez, parlez, reprit le jeune page avec chaleur, votre amour me serait plus cher que la vie ; dites-moi que vous m'aimez, et le prestige qui vous environne et qui semble s'étendre jusqu'à moi, disparaîtra bientôt. Ermia, il fut un temps où votre voix charmait mon oreille des noms les plus doux ; il fut un temps où les fleurs que vous chérissiez le plus portaient une lettre de mon nom, et vous vous plaisiez à en former un bouquet.

» — Hélas ! dit la jeune fille, alors mes songes étaient agréables et tranquilles comme nos jeux de l'enfance ; je vous aimais comme mon frère, je n'avais pas lu dans mon cœur ; c'est un temps heureux qui est passé comme les ondulations du lac ; il faut l'oublier, Ennemond.

»—Que Dieu vous pardonne, Ermia, vous venez de me donner la mort, » répondit le jeune homme en pâlissant et en abandonnant une main que dans l'ivresse de l'espérance il couvrait de baisers. Il resta un moment plongé dans une stupeur douloureuse, mais ses yeux ne trouvèrent point de larmes, et l'immobilité du désespoir vint attrister sa noble figure. Tout-à-coup il s'arracha d'auprès d'Ermia qui, les yeux levés

vers le ciel et les mains croisées, priait
avec ferveur.

« — Partons, dit-il à son ami,
partons, il en est temps, le soleil est déjà
haut dans le ciel, » et il s'éloigna.

« —Par saint Hubert! s'écria Quentin,
le beau cousin a raison. » A ces mots il
embrassa ses parens, et, léger comme
un daim, il fut bientôt auprès de
son ami qui l'attendait dans la cour
appuyé sur son arc. Ils garnirent leurs
ceintures de flèches nouvellement em-
pennées, et suivis de deux piqueurs
et de quelques chiens qui bondissaient
de joie, ils s'éloignèrent à grands pas
de la tour du Ber.

Quentin ne tarda pas à s'apercevoir
du nuage qui couvrait le front de son
ami. La douleur d'un jeune homme est
violente comme ses passions, elle se peint
dans tous ses traits, elle respire avec
lui, elle éclate dans tous ses mouvemens.
Ennemond marchait en silence, son

regard était fixe, ses lèvres serrées, sa poitrine haletante ; et cependant une noble fierté brillait encore sur ce visage dont la beauté n'eût pas paru celle d'un homme, si les rayons du soleil n'y eussent ajouté quelque chose de mâle et d'expressif. Il était en ce moment combattu par plusieurs sentimens également impétueux qui se rassemblaient dans son cœur. Un amour violent, irrésistible, auquel il s'était habitué dès que son imagination avait pu comprendre les mystères de la femme, un amour qui était devenu pour lui une seconde vie, le flattait encore d'un heureux avenir, car l'espérance est une idée d'amour. D'un autre côté tout son orgueil se révoltait contre la pensée qu'un rival aimé occupait l'esprit d'Ermia ; alors il frémissait de colère, il se rappelait les nombreux adversaires qu'il avait vaincus, car la vengeance est aussi une idée d'amour. Enfin pourrait-il cacher

long-temps à son ami l'horible secret
dont le fardeau l'accablait? Peut-être
que cet ami plus adroit, plus éclairé
que lui, pourrait le consoler. Habitué à
lui faire lire dans son ame, aurait-il
le courage de lui dévoiler la pensée
la plus solennelle de sa vie? Mais
Ennemond a juré de ne point révéler
le nom de celui qu'il croit son rival :
cet imprudent serment lui a été ar-
raché, presque malgré lui, par une
inspiration dont il ne peut se rendre
compte, car la crainte de la mort ne
lui ôta jamais un sourire; cependant
il tiendra sa parole, et ce nom ne sor-
tira point de sa bouche.

Quentin, moins âgé, moins fort,
moins grave que le jeune page, avait
encore toute l'insouciance du premier
âge. Les traits de son visage n'étaient
ni si hardis, ni si prononcés; une expression de malice et de gaîté animait
son sourire de jeune homme. Mais dans

son regard vif et brillant il y avait cependant quelque chose d'extraordi-
naire, qui annonçait que les passions
généreuses n'étaient point étrangères à
son cœur. Le fils du vavassour exerçait
sur son ami l'influence d'un esprit fort et
pénétrant; quoique léger il n'était point
insensible, et le sombre chagrin d'Ennemond l'affligeait davantage, parce
que celui-ci gardait le silence et ne lui
en faisait pas connaître la cause.

Telle était la situation intérieure des
deux amis, lorsque Quentin, montrant
de loin à Ennemond le col de l'Évêque,
lui dit : « — C'est là, Ennemond, que
la tradition qui raconte les amours du
chef de notre famille avec un prétendu
esprit, suppose que doit un jour s'é-
teindre notre race. »

Ennemond, comme un homme réveillé tout-à-coup pendant une nuit
orageuse, ne fut pas maître d'un fré-
missement douloureux, et une crispa-

tion passagère rapprocha un instant ses sourcils. « — Quentin, ne peut-on échapper à sa destinée? Crois-tu, mon ami, qu'il y ait une force plus grande que notre courage, une puissance qui ne s'effraie point d'un sabre vigoureusement manié.

» — Non, cousin, il y a une volonté terrible, inexorable, qui domine toutes les actions de l'homme. Cependant la prudence peut lutter contre la destinée, et c'est dans ce cas que la voix d'un ami peut porter le repos dans notre ame. »

Ennemond comprit le reproche indirect que lui adressait Quentin; alors quelques larmes tombèrent de ses yeux, et il lui dit : « — Hé bien ! beau cousin, lis donc dans la mienne; toute mon existence semble liée maintenant à une influence inconnue; ce pouvoir terrible dont tu viens de parler verse une amertume insupportable sur mes jours et mes nuits, et le croirais-tu, Quentin? non ce n'est point une vaine illusion de mon esprit, ma destinée est attachée à celle de la famille, et le charme mystérieux sous lequel je suis placé s'étend sur tout ce qui t'est cher. »

Quentin parut frappé d'une idée triste, et le sourire sardonique, qui effleurait ordinairement ses lèvres, fit place à une expression grave et sévère, qui élevait ce jeune homme au-dessus d'un être vulgaire. « — Ainsi, le temps est venu, s'écria-t-il avec douleur; serais-tu le chêne qui doit annoncer la chute de ma famille? Tu pâlis, Ennemond, apprends que depuis longtemps on a vu la barque flotter sur le lac, quand la nuit est paisible, et qu'une femme la fait légèrement glisser sur son onde tranquille. Les traditions de nos pères, Ennemond, sont de grandes et mystérieuses choses; et je ne sais, mais cette antique prophétie, qui menace la tour du Ber, me semble avoir un grand rapport avec ces événemens singuliers dont tu te plains. Par sainte Marie ! j'ai voulu m'assurer moi-même de la réalité des visions que racontaient nos vassaux ; j'ai passé plusieurs nuits sur le rivage du lac, mais la barque est restée immobile, et je n'ai entendu que le froissement des feuillages et les murmures de la brise. »

Ennemond, qui écoutait Quentin avec la plus grande attention, respirait avec difficulté ; quand il eut fini, il lui montra de la main le col de l'Évêque ; son agitation avait quelque chose de plus fort que la raison ; son ami le comprit, et, s'éloignant de leur suite, tous deux franchirent un torrent qui les séparait de cet endroit sauvage, et ils y arrivèrent en peu d'instans.

Près de ce lieu solitaire, où la nature a rassemblé tout ce que son silence a de solennel et sa tristesse de religieux,

était une large pierre blanche, sur laquelle on croyait que saint Hugues avait
mis le pied pour s'élever vers le ciel.
Elle était ombragée par de vieux sapins, qui formaient autour d'elle une
espèce d'enceinte. Ces arbres séculai-
res, dont le feuillage sombre résiste
aux tempêtes et à la faux des hivers,
étaient là comme les colonnes d'un
temple que le hasard avait placé sur
la montagne.

Ce fut sous cette voûte que les deux
amis s'arrêtèrent; alors Ennemond tirant son sabre s'écria : « — Jure-moi
par le vieil honneur de Dauphiné,
par le souvenir de tes pères, jure-moi
par la foi d'un noble homme de ne
révéler à personne le mystère épou-
vantable que je vais confier à ton amitié.
Jure que ta sœur Ermia ne s'aper-
cevra ni par ta conduite, ni par tes paroles, que ce secret a été déposé dans
ton sein ; jure donc enfin de n'exiger

de moi rien de ce qui a rapport à ce secret et que je ne pourrais te dire, sans devenir à mon tour un traître et un parjure.

» — Je le jure, répondit Quentin, en étendant la main sur la lame du sabre, et si je faussais ma foi, que je sois traité comme un lâche et un sacri-lége. Oui, je le jure, Ennemond, sauf l'honneur de ma famille et celui de mon épée.

» — Et maintenant, reprit Enne-mond, que Dieu nous entende et nous juge suivant la sainte loi qu'il a donnée sur le mont Sinaï ! »

Le page remit son sabre dans le fourreau, il fit un signe à son ami, et quand tous deux furent assis sur ce fragment de rocher, il continua ainsi :

« — Tu sais, Quentin, si depuis le temps où une jeune fille fait battre notre cœur, le mien n'a pas été tout entier à ta noble sœur Ermia. Je l'aimais avant comme on aime les fleurs, et je souriais quand sa main enfantine essayait vainement de soulever le sabre que nous commencions à porter ; mais quand ses doigts arrondis surent tirer des sons mélodieux des cordes d'une harpe, quand sa taille eut pris ces formes séduisantes, que ses beaux yeux eurent cet éclat enchanteur, et qu'elle eut enfin toutes les grâces de la beauté, je sentis que je ne l'aimais plus de la même manière, et je te confiai mes émotions. J'avais des pensées délicieuses quand elle nous chantait les tensons des ménestrels, mais rien ne peut se comparer à ce que j'éprouvais quand elle disait la vieille ballade *de la dame du Ber* et *du chevalier maure.* C'est alors qu'elle parut dans mes songes, et que je l'aimai de toutes les forces de mon ame.

» Je dois maintenant te rappeler un événement auquel nous n'attachâmes ni l'un ni l'autre aucune importance, et qui a cependant un rapport effrayant avec notre situation actuelle. Te souvient-il que l'un des premiers jours du printemps passé, Ermia fut priée de venir donner quelques secours à un pauvre montagnard malade, et de cueillir pour lui ces simples bienfaisans qui rendent la santé au corps. Elle se rendit à cette invitation, comme c'était le devoir d'une noble et vertueuse damoiselle; nous étions absens tous deux, et nous ne pûmes l'accompagner : ce fut donc seule qu'elle traversa la montagne?

» — Oui, dit Quentin, c'est la vérité; et ma sœur ne reparut à la tour que quand l'aube du jour suivant se leva.

» — Eh! bien ! reprit Ennemond, la nuit pendant laquelle Ermia fut absente, j'eus un songe ou plutôt une vision singulière qui s'est depuis renouvelée trop de fois pour qu'elle ne soit pas présente à ma pensée. A peine commençais-je à sommeiller qu'il me sembla apercevoir une clarté inattendue qui remplissait ma chambre au château des Adrets ; on eût dit que cette lueur mystérieuse était produite par une petite flamme en forme d'étoile, que je croyais voir auprès de mon chevet. Tout-à-coup je vis s'approcher de moi une femme, belle et jeune encore ; son regard était triste, et sa chevelure noire tombait sur ses épaules ; elle avait une robe d'un bleu clair comme l'eau du Ber, et cette robe était parsemée d'étoiles d'argent. Elle étendit une main blanche, une main qui ressemblait à du marbre, et aussitôt la tapisserie qui occupait le fond de mon appartement, parut s'animer, et bientôt le col de l'Evêque où nous sommes maintenant, m'apparut avec son rocher formidable, ses noirs sapins et ce bloc de pierre

blanche sur lequel nous sommes assis !
Mais que devins-je, ô Quentin, lorsque je vis ta sœur, arrêtée dans cet endroit, ayant à ses genoux un homme
d'une taille élevée, enveloppé dans un
manteau vert, dont la figure m'était cachée par un riche chaperon orné de plumes brillantes! En proie à une terreur
involontaire, je m'élance de mon lit....
Mais la vision avait disparu, et la plus
profonde obscurité régnait autour de
moi. »

Ce merveilleux récit faisait une
grande impression sur le jeune Quentin;
son cœur battait avec violence, et son regard brûlant, fixé sur son ami, semblait
vouloir lire au fond de sa pensée, mais
la candeur d'Ennemond et le ton grave
de ses paroles ne permettaient pas de
douter de la vérité de ce qu'il racontait.

« — Que Dieu nous protége ! s'é-
cria-t-il, ô mon ami, les orages de la
montagne ne sont rien en comparai-

son de celui qui gronde au fond de mon cœur.

» — Souviens-toi de ton serment, reprit Ennemond d'un ton ferme, Dieu nous entend. Depuis ce temps, peu de nuits se sont écoulées sans que la vision ne se renouvelât de la même manière. J'ai remarqué cependant qu'elle ne venait point quand la nuit était orageuse, ou quand, après une chasse pénible, je partageais ton lit. Hélas! c'est aussi depuis cette époque que le sourire d'Ermia a cessé de répondre au mien; c'est depuis lors, Quentin, que je l'ai vue triste et silencieuse, et que mon amour est devenu pour moi une pensée douloureuse et pénible. J'ai cru que mon imagination, frappée par la première vision que j'aie eue, la reproduisait pendant mon sommeil; j'ai voulu oublier cette nuit funeste; je me suis livré avec ardeur au plaisir de la chasse; j'ai poursuivi les chamois au fond des précipices et sur la crête des rochers. J'ai voulu dormir dans les grèves solitaires d'Allemond, sur les bruyères sauvages du col des Sept-Leaux ; partout cette vision maudite m'a poursuivi. J'ai été à l'abbaye de Saint-Hugon ; je me suis jeté au pied des autels ; j'ai ouvert mon cœur au père Soffréon ; le digne religieux m'a donné des conseils d'ange et de ravissantes consolations. Je lui avouai que j'avais le projet de venir à minuit dans ce lieu que la vision me retraçait toujours avec la même exactitude. « — Mon fils, me dit-il, ce serait obéir au démon qui vous tente ; gardez-vous bien d'accomplir ce projet dangereux, me le promettez-vous ? » — Je promis tout ce qu'il voulut, et le ciel m'a puni, car je n'ai pas tenu ma parole ; mais, Quentin, qui aurait pu résister si long-temps à cette horrible tentation ?

» — Il n'aurait pas fallu être homme,

dit Quentin; achève cet inconcevable récit, et que les saints anges me donnent la force de l'écouter jusqu'au bout.

» — Ta parole enchaîne ton épée, Quentin, continua Ennemond; j'espérais que ton courage réveillerait le mien; ah! ne trompe pas ton ami; sois ferme comme le rocher sur lequel est bâtie la maison de tes pères.

» — Mon brave et noble cousin, répondit celui-ci, je ne démentirai pas le sang qui coule dans mes veines. Hélas! Dieu peut disposer de moi, et le courage que j'implore de lui n'est pas celui qui fait braver la mort. Mais, dis-moi, Ennemond, à quelle heure de la nuit la vision descend-elle sur toi?

» — C'est dit, Ennemond, à l'heure où se lève la lune, quand elle n'a plus que la moitié de son disque. »

Quentin soupira profondément.

« — Et, ajouta-t-il, as-tu jamais pu

apercevoir la figure du personnage qui t'a semblé un homme.

» — Jamais, répondit Ennemond. Jamais aussi cette femme qui précède la vision ne m'avait parlé ; mais il est temps d'achever ce douloureux entretien. La nuit qui a précédé celle qui vient de s'écouler, croyant toujours que j'étais abusé par mes sens, j'ai laissé briller un flambeau de cire auprès de mon lit ; je ne dormais pas, Quentin, ou du moins je crois que je ne dormais pas. A l'heure accoutumée le flambeau s'est éteint, et la vision m'est apparue avec les mêmes circonstances. Jusque-là, Quentin, je ne sais quel pouvoir m'empêchait de proférer une seule parole ; ce soir-là ma langue a semblé rompre des liens, et j'ai pu m'écrier : Que voulez-vous de moi ? que faut-il que je fasse ? — Ton devoir, a répondu la vision d'une voix fort douce, mais dont le son n'a aucun rapport avec celui de la voix des hommes, il faut que tu obéisses à celui qui peut tout. A demain donc, quand la lune se lèvera, tu me trouveras au col de l'Évêque... et tout disparut. Une sueur froide coulait de mon front ; j'oubliai la promesse que j'avais faite au père Soffréon, et je résolus de percer enfin ce ténébreux mystère. Cette nuit donc, Quentin, armé seulement de ma bonne lame et vêtu comme je le suis, j'ai quitté le château des Adrets dans un moment où mon absence ne pouvait être remarquée. J'ai évité la montagne du Ber, et par un chemin qui m'est connu, je suis arrivé ici en peu de temps. La lune jetait une brillante clarté, et l'on voyait distinctement à quelques pas devant soi. Le plus grand silence régnait dans cette solitude, aucun objet ne s'offrait à ma vue, déjà je me reprochais ma confiante crédulité, quand j'ai entendu le bruit d'un long vêtement qui faisait crier la bruyère....

O Dieu! pardonnez-moi si ce n'est qu'une trompeuse illusion! j'ai vu, Quentin, j'ai vu ta sœur, mon Ermia, qui s'avançait vers cette pierre où nous sommes, et qui s'y est arrêtée. Tout-à-coup un homme enveloppé dans un manteau s'est approché d'elle..... Puis-je te peindre ce que j'ai éprouvé; les anges le savent, car ces rochers sont muets comme la tombe. J'ai tiré mon sabre et j'allais m'élancer sur cet homme, quand une voix forte a fait entendre ces mots à mon oreille. — « Holà! mon jeune faucon, vous n'êtes pas encore assez fort pour voler sur un aigle. »

» Je me retourne précipitamment, et je vois que la lame d'une épée brillait dans la main de celui qui venait de me parler ainsi; je me suis mis en défense.

» — Eh! que voulez-vous, mon brave? me dit-il encore.

» —Ton sang, me suis-je écrié. Nos fers se sont croisés, et il est tombé en poussant un cri plaintif. Soudain un autre ennemi s'est élancé sur moi ; c'était sans doute l'homme que j'avais vu auprès de ta sœur. « Que venez-vous chercher ici ? m'a-t-il dit d'une voix imposante. — Un traître, ai-je répondu, un rival odieux que je dois punir. — Un rival ! toi ! reprit cet étranger d'un ton ferme et orgueilleux. — Je suis noble, ai-je dit, et cette branche de chêne vous annonce à quelle maison j'appartiens ; si vous aimez la vie, défendez-vous, ou vous êtes mort. »

» Alors l'étranger a tiré son épée, et roulant son manteau autour de son bras gauche, il s'en est servi comme d'un bouclier pour m'empêcher sans doute de le reconnaître. Notre combat n'a encore duré qu'un moment, lorsque j'ai senti l'arme de mon adversaire glisser sur mon front ; mon sang a coulé sur mes yeux : mon ennemi s'est précipité sur moi, et je suis tombé sur le gazon.

Alors tenant l'épée haute, il m'a dit:
« Serviteur de Monteynard, tu es un
brave, je suis fâché que ton sang ait
coulé sous ma main. Ta vie m'appartient, je te la donne ; mais si tu sais qui
je suis, jure-moi par l'honneur de ta
famille de l'oublier à l'instant. » Je l'ai
juré, Quentin, et ce noble étranger a
disparu: j'ai essuyé le sang qui inondait
mon visage, j'ai parcouru la montagne
dans l'espoir de retrouver celle qui m'a
semblé être ta sœur, mes recherches
ont été vaines. J'étais au point du jour
sur les bords du lac, tu sais le reste.

» Et maintenant, Quentin, pleure avec
moi sur cette pierre que ma bien-aimée
a visitée pendant la nuit. Aucun être
vivant n'est témoin de notre faiblesse.
Pourquoi les larmes pourraient-elles
déshonorer des hommes courageux ?
La terre n'a jamais eu d'infortune qui
ressemblât à la nôtre ; elle ne connaît
point de vertu qui la puisse supporter. »

A ces mots, les deux amis se jetèrent dans les bras l'un de l'autre, et des pleurs abondans tombèrent de leurs yeux. Ces deux jeunes hommes, bouillans de courage et d'audace, qui cachaient ainsi leur douleur dans la solitude de la montagne, n'avaient encore connu de l'amour et de l'amitié que les espérances et la douceur; ils s'accusaient mutuellement l'un et l'autre d'avoir attiré sur eux une fatalité si cruelle.

« — C'est moi, disait Ennemond, c'est mon funeste amour qui jette l'affliction dans le cœur d'un ami. — Hélas! s'écriait Quentin, faut-il que tu sois enveloppé dans les destinées de ma famille!

» — Enfin, reprit Ennemond en essuyant ses yeux humides, je renonce pour jamais au bonheur de ma vie, mais que du moins, ami, Ermia ignore le sacrifice que je lui fais. Philippe de France est un prince généreux et brave, j'irai lui offrir mon bras.

» — Non, dit Quentin, qui triomphait de la nature et qui reprenait tout son empire sur lui-même, tu le dois à ton pays; et que ferais-tu loin de ces lieux qui nous virent naître? Pourrais-tu vivre sans ton ami, ton frère d'armes? Ennemond, ajouta-t-il avec fermeté, il y a dans tout ce que tu m'as dit quelque chose qui étonne mon esprit sans l'accabler cependant; la voix du peuple annonce de loin les vengeances du ciel, et il y a long-temps qu'elle a proclamé les dernières infortunes de ma race. Tant que ce glaive sera suspendu à mon côté, je ne craindrai rien des hommes; mais il faut s'humilier devant le Dieu qui a fait le monde et qui a suspendu sur nos têtes ces masses effrayantes. »

A ces mots, ils s'agenouillèrent ensemble et prièrent avec ferveur. Un soupir douloureux, suivi de quelques plaintes, vint frapper leur oreille.

« — Nous ne sommes pas seuls dans

ce lieu, s'écria Quentin, et par saint Hugues! ce ne sont pas là les accens d'un homme qu'on doive redouter. »

Ils parcoururent un instant les bruyères qui couvraient ce rocher, et suivant une trace de sang, ils trouvèrent un homme blessé qui paraissait reprendre seulement ses sens.

« — Au nom du diable! qui m'a conduit ici, cette nuit? dit cet homme en jetant sur Ennemond un regard affaibli. N'est-ce pas vous, mon jeune faucon, qui avez fait cette boutonnière à mon justaucorps?

» — Cela est possible, répondit Ennemond, et nous allons vous transporter où vous le désirerez.

» — Et c'est bien parler, mon paladin aux blonds cheveux; je ne crois pas que ma blessure me fasse partir pour le pays où j'ai envoyé tant de monde; mais, par saint Hugon! je n'ai pas plus de force qu'un poulet. Attendez donc, n'est-ce pas le chevalier du Lac qui vous accompagne?

» — C'est lui-même, ou du moins, dit le jeune homme, c'est Quentin du Ber qu'il vous plaît d'appeler ainsi. Mais vous qui suiviez, ici, votre maître cette nuit, qui êtes-vous? comment vous nommez-vous?

» — Cousin Quentin! s'écria Ennemond, songez que cet homme est blessé et que nous devons d'abord le secourir.

» — Le jeune faucon a raison, beau chevalier, dit le blessé ; mais Roland Amblard, chef des hommes d'armes du sire de Crouy, est dans le cas de vous rendre un jour le même service. Que saint Hugon me protège! je souffre horriblement. Vraiment! ajouta-t-il en regardant autour de lui, tandis que les jeunes gens le soutenaient dans leurs bras, voilà bien du sang versé au clair de la lune!

» — Le sire de Crouy! le sire de

Crouy! répéta plusieurs fois Quentin avec un accent de fureur concentré, tandis qu'Ennemond levait les yeux vers le ciel comme pour le prendre à témoin que ce nom n'était pas sorti de sa bouche.

» — Et oui, beau chevalier du Lac, le chef des hommes d'armes du sire de Crouy! reprit Amblard avec fierté, car il prenait pour de l'étonnement les expressions de Quentin; c'est moi Roland Amblard, que ce jeune faucon des Adrets a abattu comme une alouette. Il est vrai qu'il était nuit, et que je ne pouvais, tournant le dos à la lune, y voir aussi bien que lui; mais c'est un brave jeune homme, et je lui pardonne volontiers, car je vois sur son front la signature de mon seigneur et maître, bien entendu qu'il voudra bien me procurer encore le plaisir, à la face du soleil, de mesurer mon sabre avec le sien, comme cela convient à de braves gens qui sont dignes de s'estimer. »

Pendant que Roland Amblard se consolait ainsi de sa mésaventure, Quentin emboucha son cornet, et l'on vit aussitôt accourir ses piqueurs, suivis de plusieurs hommes d'armes qui portaient les couleurs du seigneur d'Allevard. Ils construisirent à la hâte un brancard avec des branches de sapin, sur lequel ils placèrent leur chef; alors celui-ci, se tournant vers Ennemond, lui dit encore en lui tendant la main :

« — A revoir, mon jeune aiglon, je vous remercie de votre courtoisie; à l'avenir, je n'irai plus courir au clair de la lune sans avoir ma bonne cotte de mailles de Milan. Salut! procurez-vous une lance dont le bois ne plie pas et un heaume plus dur que celui que vous portez.

» — Allez, Amblard, dit Ennemond, un poursuivant d'armes de la noble maison de Monteynard sait bien le costume qu'il doit prendre pour venger une offense ou pour se mesurer avec un brave.

» — Que je meure de cette boutonnière maudite, murmura Amblard, tandis que ses camarades descendaient la colline, si ce jeune drôle n'a pas du bon sang dans les veines ! »

Les deux amis continuèrent leur chasse, et rentrèrent vers le soir à la tour du Ber.

FIN DU TROISIÈME VOLUME.

er
ec
n
n
la
lu

ur
la